ICF

LEO BIGGER

habakuk

MIT GOTT DIE WELT AUF DEN KOPF STELLEN

fontis

DER AUTOR

Leo Bigger und seine Frau Susanna sind leitende Pastoren des ICF Zürich, einer Kirche mit 3200 Besuchern pro Wochenende in 5 Locations, und Leiter des ICF Movement. Mit ihren beiden Kindern leben sie in der Nähe von Zürich. Bewusst versuchen sie, so authentisch und überzeugend zu leben, dass sie damit Vorbild sein und mit ihren Mitarbeitern zusammen viele Menschen in der Schweiz und in ganz Europa inspirieren können.

Im Jahr 1996 gründeten Leo und zwei weitere Pastoren ICF Zürich. Damit verwirklichten sie den Traum von einer «Kirche am Puls der Zeit», wo Menschen Jesus begegnen und ein Zuhause finden können. Heute gehört ICF mit bereits über 60 Kirchen zu einer der größten kirchlichen Bewegungen in Europa. Leo ist außerdem Autor mehrerer Bücher, Gastredner im In- und Ausland und TV-Prediger auf diversen deutschsprachigen Fernsehsendern. Man hört immer wieder, Leo begeistere die Leute und motiviere sie durch seine leidenschaftliche, humorvolle und unkomplizierte Art.

leobigger.com
icf.church

MIX
Papier aus verantwortungsvollen Quellen
FSC® C014138
FSC
www.fsc.org

Bibliografische Information der Deutschen Nationalbibliothek

Die Deutsche Nationalbibliothek verzeichnet diese Publikation in der Deutschen Nationalbibliografie; detaillierte bibliografische Daten sind im Internet über www.dnb.de abrufbar.

Die Bibelzitate stammen aus folgenden Ausgaben:
Hfa = Hoffnung für alle® © 1983, 1996, 2002, 2015 Biblica Inc.®; hrsg. vom Fontis-Verlag, Basel
GNB = Gute-Nachricht-Bibel © 2000 Deutsche Bibelgesellschaft, Stuttgart
LB = Luther-Bibel, revidiert 2017 © 2016 Deutsche Bibelgesellschaft, Stuttgart
NLB = Neues Leben. Die Bibel © 2002, 2006 SCM R. Brockhaus, Witten
NGÜ = Neue Genfer Übersetzung © 2011 Genfer Bibelgesellschaft
SB = Schlachter-Bibel © Genfer Bibelgesellschaft, CH-1204 Genf

Ghostwriting: Nicu Bachmann
Mitarbeit: Detlev Reich & Barbara Bachmann
Lektorat: Fontis-Verlag, Basel

Art Direction: Simon Aprile, imiso.ch
Gestaltung: Luca Garzi, imiso.ch
Foto Umschlag: Marco Bäni
Fotos: Luisa Vonarburg
Model: Yves Hottiger
Druck: Finidr

Gedruckt in der Tschechischen Republik

ISBN 978-3-03848-167-6

INHALT

DIE BASISGESCHICHTE: HABAKUK, DER FRAGENDE

Das Buch Habakuk ist eine Art Gespräch zwischen dem Propheten und Gott.

Wenn Habakuk sich in der Welt umsieht, entdeckt er nur Unrecht und Gewalt. Die Babylonier töten, plündern und zerstören. «Wie kann Gott sie nur gewähren lassen?», fragt Habakuk.

Gott antwortet, dass er die Babylonier für eine kurze Zeit als sein Werkzeug benutzt, um das Böse zu strafen. Da sie aber selbst böse sind, werden auch sie ihre Strafe bekommen. Es folgen fünf Wehe-Rufe («Du bist verloren!»), die Babylons Schicksal voraussagen. Die Gierigen, die Gewalttäter, die Ausbeuter und Götzenverehrer werden nicht ungestraft davonkommen. Noch sieht es aus, als hätten sie unbeschränkte Macht, aber das wird nicht mehr lang dauern.

Als Habakuk Gottes Versprechen bekommen hat, spricht er ein Gebet, in dem er Gott dafür dankt, dass dieser eines Tages für Gerechtigkeit sorgen wird. Das Gebet endet voller Hoffnung:

HABAKUK 3,18–19:
«Ich will jubeln, weil Gott mir hilft,
der Herr selbst ist der Grund meiner Freude!
Ja, Gott, der Herr, macht mich stark.» (Hfa)

Propheten-Worte für das 21. Jahrhundert

Obwohl Habakuks Worte vor etwa 2500 Jahren aufgeschrieben wurden, kann ein Leser von heute sich an manchen Stellen leicht einfühlen. Lies zum Beispiel die Klagen über

Gewalt

«Warum muss ich so viel Unrecht mit ansehen ...?» (Habakuk 1,2–4; Hfa)

Ausbeutung (der «Dritten Welt»?)

«Wie du ganze Völker ausgeraubt hast, so rauben sie dich dann aus ...» (Habakuk 2,7–8; Hfa)

Vergewaltigung

«... und du hast ihre Schande genossen.» (Habakuk 2,15; Hfa)

fragen

an Gott

KAPITEL 1

Wenn du Fragen hast in deinem Leben und nicht immer alles so aufgeht, wie du dir das wünschst, dann hast du dir mit diesem Buch den perfekten Schmöker ausgesucht. Ich nehme dich nämlich mit auf eine Reise zu Habakuk und zu einem Ort, wo sowohl Fragen als auch Gottes Wunder eine große Rolle spielen. Klingt vielversprechend, oder? So ist er, unser Gott. *Viel versprechend.* Und Versprechen haltend – und darum ist es wichtig zu wissen:

Gott wird das, was er in deinem Leben angefangen hat, zu Ende bringen.

In den letzten zwanzig Jahren haben wir als Kirche ICF Zürich viele Höhen und Tiefen erlebt. Von Anfang an hatten wir keine festen Räume, wo wir unsere Celebrations feiern konnten. So waren wir gezwungen, die verschiedensten Locations anzumieten: eine alte Kirche, eine alte Börse, eine Badmintonhalle, eine Eventhalle, ein Kino usw.

Das klingt jetzt alles sehr hip und wie ein großartiges Road Movie mit einem barttragenden Pastor mit hochgekrempelten Hemdsärmeln. Aber wenn man jeden Sonntag mit Sack und Pack in ein Gebäude ein- und auszieht, gibt das zwar starke Muckis, aber es geht auch mächtig auf den Zeiger und an die Substanz. Rumwandern wie Mose und seine Wüstentruppen ist ganz schön anstrengend, das kann ich auch schon nach zwanzig Jahren sagen. Und Respekt für Mose und die Crew, die haben da nochmals zwanzig Jahre drangehängt.

In all diesen Jahren konnten wir viele Menschen zu Jesus führen. Wir erlebten hautnah, wie Menschen von ihren Schwierigkeiten und Süchten frei wurden. Wir haben unzählige Sonntage erlebt, an denen Gott mit der ganz großen Kelle angerührt hat. Und gleichzeitig waren wir eine Kirche, die gezwungen war, ihre Zelte immer wieder woanders aufzuschlagen.

Natürlich haben wir versucht, irgendwo fix unterzukommen. Etwas dauerhaft zu mieten oder sogar ein eigenes Gebäude zu beziehen. Aber finde mal ein passendes und dazu noch bezahlbares Grundstück in Zürich. Von den Baukosten ganz zu schweigen ... Immer wieder gingen die Türen zu.

So auch, als uns eine vorübergehende Location für drei Monate wegen eines notwendigen Umbaus gekündigt werden musste. Naja, dann gehen wir halt mit den 2500 Leuten und der ganzen Kids Church und der Jugendkirche nach ... ja, wohin denn nur, heitere Fahne?!

Wir hatten trotz intensiver Suche nichts gefunden und keine weiteren Ideen, wo wir noch anklopfen könnten. Da fragst du dich dann schon: «Gott, warum? Hast du uns noch auf dem Schirm? Irgendeinen Plan? Falls ja, ich wäre echt interessiert, ihn zu erfahren.»

Gottes Timing

Zwei Wochen vor dem letzten Sonntag in der Eventhalle kam mir noch die Idee, mal bei einem Kinokomplex anzufragen. In letzter Minute bekamen wir die Zusage, für drei Monate dort zwischen T-Rex, Superman und Lara Croft unsere Celebrations zu feiern. Geht doch! Es gab nur ein Problem: Der Saal war zu klein. So stockten wir kurzfristig auf fünf Gottesdienste am Sonntag auf, damit alle Schäfchen Platz und Futter fanden. In diesem Fall Popcorn. Es war eine schöne Zeit im Kino, aber auch schrecklich anstrengend. Gott, können wir nicht endlich ein eigenes Gebäude haben? Bitteeeeeeeee!!

Und dann endlich tat sich etwas an der Baufront. Die Türen öffneten sich für etwas Gewaltiges: ein topmodernes Eventgebäude mit Platz für alle! Ein Grundstück wurde gefunden, Baubewilligungen erteilt, und langsam kam etwas ins Rollen.

Meine anfänglichen Jubelschreie verhallten wieder, weil sich dann wieder alles in die Länge zog. So ein Monsterprojekt frisst gaaaanz viele Tage, und es dauert und dauert und dauert. Und so ging es mit uns als Kirche nach der Kinozeit zur Abwechslung mal wieder auf Tour ... und immer wieder fragte ich mich: Warum um alles in der Welt lässt Gott das zu?

Dasselbe fragte sich auch der Titelheld dieses Buches, Habakuk.

Habakuk war ein alttestamentlicher Prophet. Er hat ein kleines, aber feines Buch geschrieben. Das Markenzeichen dieses Buches ist folgender Satz: «So spricht Gott, der Herr.»

Weshalb das so wichtig für ihn war? Weil er richtig deftige Fragen an Gott hatte und er darauf angewiesen war, dass er Antworten von ihm bekam. Direkt. Unverblümt. Ehrlich.

Und warum hatte Habakuk Fragen an Gott?

Die Fragen hatten viel mit der Zeit zu tun, in der Habakuk lebte. Die Menschen damals lebten eigentlich wie die von heute. Nach dem Lustprinzip. Moralische Werte fristeten ein Schattendasein und wurden mit Füßen getreten. Jeder kümmerte sich nur um die eigenen Bedürfnisse. Me, myself and I. Hauptsache, ich habe heute, hier und jetzt, Fuuuuunnn!

Das Problem war, dass es sich bei den Menschen von damals um Gottes Volk handelte; Menschen, die sich auch auf Gott beriefen. Strange.

Dementsprechend könnte sich der Dialog zwischen Gott und Habakuk folgendermaßen gestaltet haben:

Gott sagte zu Habakuk: «Schau dir meine Truppe an. Sie machen, was sie wollen. – Ein nicht gläubiges Volk wird das ‹gläubige› Volk besiegen und in Gefangenschaft führen. Und zwar alle.»

Habakuk stutzte: «Was, alle? Ich gehöre nicht zu den Bösen. Ich bin ein guter Israelit!»

Aber Gott erwiderte: «Alle.»

Habakuk gab sich nicht so einfach geschlagen: «Aber Gott, das ist doch nicht fair! Warum muss ich darunter leiden, wenn andere es verbocken?»

Habakuks Lebenspläne werden durchkreuzt. Seine Rechnung: «Anständiger Mensch kriegt anständiges Leben», kann er plötzlich in den Müll treten.

Viele von uns haben einen Hollywood-Glauben. Hollywood steht für Filme, die immer genau gleich aufgebaut sind. Am Anfang ist alles happy-clappy, alle haben Spaß, und dann kommt der explosive Krach. Nach viel Streit, noch mehr Missverständnissen und Tränen kommt das große Happy End. Alles ist wieder in Butter. Solche Filme wollen wir sehen. Vor allem das Happy End ist wichtig. Filme ohne Happy End spielen wenig Kohle ein.

Aber die Geschichte von Habakuk wurde nun mal nicht in den Hollywood Hills gedreht, sondern auf den Hügeln Israels. Dort weht ein weitaus weniger kitschiger Wind. Habakuks Geschichte startet mit vielen Spannungen, und am Schluss wird nicht alles gut, sondern er hat noch mehr Fragen als am Anfang. Uups.

Aber weißt du, was? Gott ist es lieber, wenn wir mit ehrlichen Fragen statt mit einfachen Antworten zu ihm kommen. Deshalb schreibe ich auch dieses Buch.

Die erste Frage lautet:

Was ist, wenn ich Gott in meinem Leben unfair finde?

In Habakuk 1,2 lesen wir: «Herr, wie lange schon schreie ich zu dir um Hilfe, aber du hörst mich nicht. ‹Überall herrscht Gewalt!›, rufe ich dir zu, doch von dir kommt keine Rettung» (Hfa).

Habakuk fleht und macht und tut. Und was macht Gott? Nix. Nicht gerade viel. Der Frust von Habakuk ist nur verständlich. Gott scheint in seinen Augen unfair zu sein. Nur in seinen? Ich glaube, wir alle halten Gott öfter, als wir wollen, für unfair.

Ich hab mich mal an den Test gewagt und mich extra für dieses Buch in Reporterschale mit intellektueller Brille gestürzt und in unserer Kirche eine kleine Umfrage gestartet. Ich wollte von den Besuchern wissen, was sie Gott schon lange mal fragen wollten. Ich präsentiere dir hier die meistgenannten Dinge:

- Wieso bin ich noch krank?
- Gott, hörst du mich überhaupt?
- Warum fühle ich mich so niedergeschlagen?
- Wieso gibt es so viel Leid?
- Warum finde ich keinen Partner?
- Gott, ist das wirklich alles?
- Warum kriegen wir kein Kind?
- Warum musste diese Person sterben?

Meine Vermutungen wurden bestätigt. In praktisch jeder Frage schwang mit, dass sich die Person von Gott ungerecht behandelt fühlt. Habakuk lässt grüßen. Es gibt nichts Neues unter der Sonne. Spannend.

Habakuk damals, wie auch wir heute, ruft entrüstet: «Gott, das, was ich sehe, stimmt nicht mit dem überein, was ich glaube. Das, was in meinem Leben abgeht, stimmt nicht mit deinen Verheißungen überein.»

Lass mich das mal beim Namen nennen: Das ist eine sogenannte Glaubenskrise. Unschön, aber wahr. In den Augen der Frommen unchristlich, in den Augen Gottes aber völlig okay. Im Buch Habakuk wird deutlich, dass Fragen/Zweifel und Glaube sich nicht widersprechen. Nein, im Gegenteil, die beiden mögen sich und gehen nach getaner Arbeit auf ein Feierabendbier.

Der Name Habakuk bedeutet: (Gott) «umarmen», oder für mich auch: «Ich ringe mit Gott um meine Fragen.»

Habakuk mag in der heutigen Zeit vom Namen her nicht die erste Wahl sein, wenn es darum geht, den Stammhalter zu benamsen, aber Gott zu umarmen ist wirklich eine feine Sache. Und Ringen mit Gott, das klingt definitiv nach einem Abenteuer. Ein Ringen um die tiefsten Lebensfragen mit Gott, das ist eine wirklich große Geschichte, die dich weiterbringt und runtergebeteten, nichtssagenden, sogenannten christlichen Konzepten in den Hintern tritt.

Solche Konzepte lauten:

- Gott ist gut.
- Gott ist barmherzig.
- Gott ist gnädig.
- Gott ist liebend.
- Gott ist vergebend.

All das. Daraus entwickeln wir ein vorgefertigtes Insta-Bild von Gott. Wenn er liebend ist, dann kann er nichts Schlimmes zulassen. Dann wird er jederzeit eingreifen.

Und dann macht er es plötzlich nicht, und wir stehen mit unserem vorgekauten, leicht verdaubaren «Glaubenskonzept light» da wie der letzte frömmelnde Trottel.

An dieser Stelle bleibt uns nichts anderes übrig, als zu kapitulieren und vor Gott einzugestehen, dass wir mit unserem Konzept hier nicht weiterkommen. Und dann wird es interessant. Dann kommen die richtig spannenden Fragen, die vielen Menschen unter den Nägeln brennen, auch Nichtchristen. Warum lässt Gott in dieser Welt Leid zu, wenn er doch allmächtig ist?

Darauf gibt es auf den ersten Blick drei klassische, angeblich theologische Aussagen über Gott:

1. Gott macht Sachen, die nicht fair sind. Er muss sich nicht rechtfertigen. Schließlich ist er Gott.
2. Gott hat ungleich Wichtigeres zu tun und interessiert sich nicht für mich. Gott erhört wichtige Gebete, nur meine nicht. – Kennst du das? Du bist auf einer Heilungsveranstaltung. Drei werden auf die Bühne gerufen und spektakulär geheilt. 300 treten stillschweigend, jedoch maßlos enttäuscht und ohne Heilung den Heimweg an.
3. Gott macht nicht viel, obwohl er könnte.

In all diesen Aussagen schwingen tiefschürfende Fragen mit: Wenn Gott allmächtig ist, warum greift er bei mir nicht ein? Wenn Gott gütig und gnädig ist, warum durchlaufe ich dann eine solche Situation in meinem Leben? Darauf eine Antwort zu finden, ist eine große Herausforderung. Davon kann Habakuk ein Lied singen – oder besser gesagt: eine Frage. Als Erstes müssen wir klären, ob es überhaupt okay ist, solche Fragen direkt an Gott zu stellen.

WAS IST, WENN ICH FRAGEN AN GOTT HABE?

In Habakuk 1,3 lesen wir: «Warum muss ich so viel Unrecht mit ansehen, und warum schaust du untätig zu, wie die Menschen einander das Leben schwer machen? Unterdrückung und Gewalt, wohin ich blicke, Zank und Streit nehmen kein Ende!» (Hfa).

Ich stelle diese Bibelstelle mal direkt und frech in einen heutigen Kontext: Eine gläubige Familie fährt mit dem Auto auf der Autobahn. Ein Lastwagen donnert ungebremst in den Wagen, und die ganze Familie ist auf einen Schlag ausgelöscht. Wieso lässt Gott so etwas zu?

Warum geht eine Frau von Mann zu Mann, von Bett zu Bett und wird dann wegen eines gerissenen Kondoms schwanger? Sie treibt das Kind ab, weil das momentan nicht in ihre Lebenssituation passt. Und dann gibt es dieses Paar in der Kirche, das seit Jahren betet und sich sehnsüchtig ein Kind wünscht. Aber die Frau wird einfach nicht schwanger. Wieso machst du das, Gott?

Warum läuft ein Mann mit einem Sturmgewehr in einen Flughafen rein, ballert wild drauflos, weil er auf alles und alle wütend ist, und tötet acht unschuldige Menschen? Warum lässt du das zu, Gott? Habakuk stellt genau diese unbequemen Fragen.

Es wird ungemütlich. Glaubenskonzepte wackeln, fallen zu Boden und zerbrechen in tausend Stücke. Nichts ist mehr, wie es einmal war. Gott, der alles kann – das war einmal. Wir sehen die Dinge nicht mehr derart positiv, auch wenn wir uns noch so sehr anstrengen. Doch das ist völlig okay.

Habakuk beharrt auf seiner Frage und wirft sie Gott direkt, roh und ungefiltert ins Gesicht. Er krempelt die Ärmel hoch und macht sich bereit für einen langen, harten Ringkampf. Und am Schluss dieses Kampfes, wenn die Kraft schwindet, wird er Gott so lange umarmen, bis er Antworten kriegt.

Was für ein schönes Bild! Es soll dich und mich ermutigen, den Aufwand und die Kraft nicht zu scheuen, Antworten zu suchen. Es wird nicht einfach, aber es lohnt sich. Habakuk wird so lange kämpfen, bis seine Seele zur Ruhe kommt. So wie es viele Psalmschreiber auch tun.

Die meisten Leute kennen gerade mal Psalm 23, Vers 1: «Der Herr ist mein Hirte.» Das finden alle wahnsinnig schön. Ich denke manchmal, naja, ich bin ein Schaf. Wow! Ein Schaf ist ein wenig blöd, sieht fast nix und kann nicht mal eine kleine Last tragen. Aber ja, Psalmen sind toll! Vor allem der dreiundzwanzigste. Wir picken wie so oft irgendwas raus, das uns gerade gefällt, warum auch immer. Das war's dann mit den Psalmen.

Aber hast du gewusst, dass ein Drittel der Psalmen Klagepsalmen sind? Ein Drittel! In einem Drittel fragen sich Musiker: Warum lässt Gott das zu? Wieso geht es Menschen, die sich keinen Deut um Gott scheren, besser als denen, die ihn lieben? Das spricht mich an.

Nichts gegen David und den Psalm 23, aber das sind die wirklich spannenden Fragen, da können mir die Schäfchen mal für eine Weile gestohlen bleiben. Ein Drittel der Psalmen klagt Gott an. Die machen einen auf Kumpel mit Habakuk.

Der ist nämlich der erste Prophet, der nicht das Volk Gottes anklagt, sondern Gott. Der Junge hat Rückgrat. Und wir fragen uns immer noch, ob wir Gott Fragen stellen dürfen? Ich meine, Habakuk und seine singenden psalmistischen Freunde *klagen Gott sogar an!*

Klagen heißt nicht, dass ich die Existenz Gottes in Frage stelle. Es geht vielmehr darum, dass ich ihn und sein Handeln beziehungsweise sein Nicht-Eingreifen absolut nicht verstehe und es eben gerne verstehen würde.

Wusstest du, dass Jesus, als er am Kreuz hing, Gott auch eine Frage stellte? Er fragte ihn: «Warum hast du mich verlassen?»

Fragen stellen ist legitim. Fragen stellen ist göttlich. Fragen stellen ist das, was Jesus auch macht. Und das, was er macht, wollen wir ja alle tun.

Dann lass uns mal frech und mutig sein. Dass es Gott gibt, das ist mir klar. Da schau ich nur mal das Stinktier an und denke: Wie cool ist der Stinker denn ausgedacht und geschaffen!?! Schenkt ihm Gott einfach einen so deftigen Furz, dass er damit seine Feinde vertreiben kann! Nein, an seiner Existenz, an der habe ich noch nie gezweifelt, aber ...

Ist Gott denn nicht allmächtig?

Uups, und schon wieder ertappe ich meine Gedanken dabei: Ist diese Frage nicht zu viel? Hinterfrage ich dann nicht gleich meinen ganzen Glauben? Gott? Einfach alles?

In der Tat, bei dieser Frage geht es ans Eingemachte, aber diese Frage prägte die Lyrics der Psalmenschreiber, von Habakuk und auch von uns heute noch. Und wir müssen sie stellen; zu vieles läuft schief auf dem blauen Planeten, der doch in Gottes guten Händen ist, oder? Er könnte doch alles tun. Es liegt doch in seiner Macht.

Meine Mutter hatte einen netten pensionierten Garten-Nachbarn. Sein ganzer Stolz war sein riesiger Kirschbaum. Einmal kletterte er die Sprossen der Leiter hoch und pflückte friedlich das schwarze Gold.

In einem unbedachten Moment rutschte er aus. Er flog in hohem Bogen wiesenwärts. Unten blieb er regungslos liegen. Seine Frau bestellte postwendend den Krankenwagen.

Doch dieser machte an diesem Tag ausnahmsweise seinem Ruf, schnell an Ort und Stelle zu sein, absolut keine Ehre. Die Sanitäter kamen viel zu spät. Der nette Nachbar von nebenan verstarb noch an der Unfallstelle.

Seine Frau versuchte herauszufinden, weshalb der Krankenwagen erst so spät bei der Unfallstelle auftauchte: An diesem Tag gab es außergewöhnlich viele Notfälle. Unter den Nachbarn tauchte in der Folge die Frage auf: «Was, wenn der Krankenwagen früher da gewesen wäre? Wenn der Herr Nachbar später auf den Kirschbaum gestiegen wäre, dann würde er wohl noch leben?» Wenn. Hätte. Würde. Schöne Wörter, doch leider macht uns der Konjunktiv einen Strich durch die Rechnung. Er existiert nicht in der göttlichen Zeitrechnung. Es gibt nur Gottes Timing.

Der Krebs bei meinem Vater wurde viel zu spät diagnostiziert. Wenn ich es nicht besser wüsste, würde ich sagen, die Ärzte hatten Tomaten auf den Augen. Jeder von uns dachte im Stillen: «Hätten wir einen anderen Arzt gehabt, dann hätten wir unseren Vater noch!» Aber auch hier bringt uns der Konjunktiv keinen Schritt weiter. Es gibt nur das von Gott gesetzte Timing. So wie es in seiner Macht steht zu heilen, so steht es auch in seiner Macht, so stand es auch in seiner Macht, meinen Vater zu seiner Zeit zu sich zu holen.

Die Großmutter von meiner Frau Susanna stöhnte, solange ich sie kannte: «Gott, ich mag einfach nicht mehr. Wann holst du mich endlich ab? Hast du mich vergessen? Ich habe null Bock, weiter in diesem Altersheim vor mich hin zu vegetieren. Ich sehe nichts mehr. Ich höre nichts mehr. Ich kann nicht mehr laufen. Gott, es gurkt mich dermaßen an!» So sprach sie. Sie war wirklich sauer. Holt mich hier raus, ich bin Gottes Star! Aber Gott ließ sich Zeit. Er holte sie lange nicht heim. Anscheinend hatte sie noch eine Mission zu erfüllen. Schade, dass sie das nicht wahrhaben wollte.

Wenn Gott dich nicht nach Hause bringt, gibt es einen Grund dafür. Entweder muss noch etwas ins Reine kommen, oder wichtige Gebete müssen noch gen Himmel fliegen. Vielleicht sind da Geheimtipps, die förmlich danach schreien, weitergegeben zu werden. Gott ist der Zählmeister der Tage. Und er verrechnet sich nie. Er hatte ein «Sehr gut» in Mathematik. Er ist allmächtig, Herrscher über Raum und Zeit.

Psalm 139,16: «Alle Tage meines Lebens hast du in dein Buch geschrieben – noch bevor einer von ihnen begann!» (Hfa)

Drehen wir das Rad der großen Fragen weiter:

Ist Gott denn nicht allgegenwärtig?

Ähnlich wie Habakuk geht Hiob durch dunkle Täler. Nach anfänglichem Segen in seinem Leben verliert er praktisch alles, inklusive Lebenslust. Ganz allein auf sich gestellt und in großem Leid fragt er: «Gott, wo bist du?»

Weißt du, was Gott auf so eine Frage erwidert? Smart, wie er ist, antwortet er in alter Jeopardy-Manier mit einer Gegenfrage: «Wo bin ich nicht?»

Dazu gibt es eine berühmte Geschichte: Eine Frau träumte. Sie ging mit Gott am Strand spazieren und sah zwei Fußspuren, die ihren Lebensweg darstellten. Die eine gehörte zu ihr, die andere zu Gott. Es folgte eine Wegstrecke, wo nur eine einzelne Fußspur zu erkennen war. Stutzig geworden, wandte sie sich an Gott:

«Herr, du hast mir versprochen, du würdest den ganzen Weg mitgehen. Aber gerade sehe ich, dass während der schlimmsten Zeit meines Lebens nur *eine* Fußspur da war. Ich raff das nicht, dass du mich gerade dann verlassen hast, als ich dich am meisten gebraucht habe.»

Gott antwortete: «Meine Liebe, da liegst du komplett daneben. In deiner schwierigsten Zeit habe ich dich getragen.»

In den dunkelsten Stunden deines Lebens beugt sich Gott zu dir. Er geht auf die Knie, um dich auf seine Arme zu hieven. Anschließend trägt er dich.

Und wenn er dich nach einer Weile wieder auf die eigenen Füße stellt, schenkt er dir eine Verheißung aus dem Korintherbrief:

1. Korinther 10,13: «Was eurem Glauben bisher an Prüfungen zugemutet wurde, überstieg nicht eure Kraft ... Wenn euer Glaube auf die Probe gestellt wird, schafft Gott auch die Möglichkeit, sie zu bestehen.» (Hfa)

Gott weiß, wie viel Gewicht wir tragen können.

Gott mutete Hiob offensichtlich sehr viel zu, doch er wusste, dass seine Flamme nicht verlöschen würde. Gott lädt dir nicht mehr auf, als du tragen kannst, und das ist kein frommer Satz, den ich in der Sonntagsschule auswendig lernen musste. Das hätte ich nie freiwillig gemacht. Nein, das ist etwas, was ich selbst erlebt habe. Und mit mir meine Homies Hiob, Habakuk – und wie sie alle heißen.

Leid in unserem Leben verlangt nach einer Entscheidung. Vertraue ich Gott weiterhin oder nicht? Leid hat ein großes Veränderungspotenzial. Du wirst bitter oder besser.

Ist Gott denn nicht allwissend?

Gott hat eine Perspektive, die wir nicht haben. Definitiv. Schließlich kann er das ganze Universum in seiner linken Hand halten. Er sieht ziemlich weit. Ich schaffe es, wenn es hochkommt, gerade mal, meinen einen Sohn dabei zu beobachten, wie er meinen Schokoriegel aus dem Kühlschrank stibitzt. Er hat das Gefühl, nur weil da «Kinder» draufsteht, gehöre er ihm. Aber da irrt er sich gewaltig. Erstens ist er kein Kind mehr, und zweitens bin ich eins von Gott. Egal ... was ich sagen wollte: Was der zweite Sohn während des Diebstahls macht – keine Ahnung! Da hat es Gott deutlich besser. Er steht außerhalb von Raum und Zeit.

Gott kennt unsere Gedanken und unser Herz. Er sieht ganz tief in uns rein. Tiefer, als wir selbst es je könnten. Wenn wir allen Mut zusammenbringen und Gott Allwissenheit zutrauen, entsteht manchmal aus dem Warum ein Wozu.

Wozu lässt Gott das zu? Manchmal ist das Wozu offensichtlich. Manchmal ... je ne sais pas. «Isch versteh deine Französisch nischte», mon dieu. Und ich habe keine Ahnung, wofür das Geschehene jetzt gut sein könnte.

Manchmal ist es jedoch offensichtlicher.

Ich versuche, diesen Punkt mit einer Begebenheit aus meinem Leben zu erhellen, bei der es klar wie Kloßbrühe ist, wofür das Leid gut war:

Jeden Dienstagmorgen von 8 bis 9 Uhr spielen wir mit dem ICF-Staff Fußball in einer Halle. Es war kurz vor Weihnachten im Jahr 2008. An diesem Dienstag stieg ich aus unerklärlichen Gründen schlecht gelaunt aus dem Bett.

Während des Spiels gewährte ich meiner üblen Laune die lange Leine. Ich mähte meine Mitspieler nieder und erfreute mich des Blutgrätschens und meines Daseins als «Fußballgott». Es war mir egal, ob ein männlicher oder weiblicher Gegenspieler vor mir stand: Einfach weg damit!

Nach einer halben Stunde merkte ich: So goes it not! Stopp! Ich ging auf die Toilette, setzte mich hin und erschrak über mich selbst.

«Gott, hier ist Leo, dein schwarzes Fußball-Schaf. Ich weiß nicht, was los ist, aber Foulen bringt irgendwie nichts. Gott, ich flehe dich an, gib mir deinen Frieden und ganz viel Fun!»

Ich saß noch ein kleines Weilchen auf meinem neuen Freund, dem WC-Deckel, bis ich merkte: «Ich bin relaxed und frei.»

Ich lief easy flockig wie ein Mannequin in die Turnhalle zurück, stieg in den nächsten Zweikampf und beging das Foul meines Lebens! Ich haute den Mitarbeiter um wie ein Bowlingmännchen, viel derber, als ich es je zuvor gemacht hatte. Ich hatte die seelsorgerliche Wirkung der Toilette überschätzt. Warum auch immer.

Der Geschichte fehlt noch ein kleines Detail: Durch mein überhartes Einsteigen flog auch ich durch die Luft. Ich krachte dermaßen heftig auf den Boden, dass es in meiner Schulter fies knackte. Ich wusste nullkommaplötzlich: «Ouuu, etwas ist nicht gut!» Im Hospital wurde ich geröntgt. Die Schulter war gebrochen. Ich lief drei Monate rum wie ein Pinguin, mit eng anliegendem, steifem Armflügel. Die wollten mich glatt für den neuen Pingu-Film buchen.

Das war alles nicht so problematisch, aber weil ich zuvor ziemlich viele Kilos hatte purzeln lassen, sah man meinen Schulterknochen. Ab sofort hatte ich eine Riesendelle auf meiner Schulter. Das mag nicht irritieren, solange ich ein T-Shirt trage. Doch wenn ich mit meinen Reizen nicht mehr geize und im Schwimmbad die Hüllen fallen lasse, siehst du zwei Sachen: ein Sixpack und einen Kamelbuckel auf der Schulter. Ein Riesenhügel. Ein Kilimandscharo. Der nervt tierisch. Warum hat Gott das zugelassen? Ich meine, ich ging doch extra auf die Toilette! Ich habe das in meinen Möglichkeiten Stehende doch unternommen?

In deiner Schwäche ist Gott stark

Ich verrate jetzt etwas, das hören die meisten unserer Kirchenangestellten nicht gerne, aber es ist offensichtlich! Hier meine unumstrittene Theorie in Bezug auf meinen Pfahl im Fleisch, meine schwache Schulter: Durch meine lädierte Schulter bin ich im Sport besser denn je!

Ich habe mich sowohl im Fußball wie im Golf, meinen zwei Paradedisziplinen, verbessert. Im Fußball bin ich gezwungen, den Zweikämpfen auszuweichen und mich aufs Toreschießen zu konzentrieren. Ich schieße seit dem ominösen schwarzen Dienstag ganz offenkundig mehr Tore. Ich skore wie Messi, Ronaldo, Müller und Salah zusammen. Das hat nichts mit Stolz zu tun. Es ist eine Tatsache. Tore kann man zählen, meine lieben Angestellten.

Auf dem 18-Loch-Parcours beim Golfen brauche ich sechs bis acht Schläge weniger. Weißt du, warum? Ich wurde förmlich dazu gezwungen, denn meine Kraft im Arm reicht nur für eine gewisse Anzahl Schläge.

Mein Wozu ist offensichtlich. Und auch wenn diese Geschichte eine heitere ist, ist es ein göttliches Prinzip, dass wir uns die Frage stellen dürfen, wozu dieses Leid in unserem Leben ist.

Doch was, wenn das Wozu keine Antwort findet?

Im Fall von Hiob bleibt das Warum ein Warum. Im ganzen Buch finden wir keinen offensichtlichen Grund für sein abgrundtiefes Leiden. Hiob hat keine Ahnung, und wir können es auch nicht erklären. Gott erklärt es auch nicht. Es gibt keinen Grund. In dem Fall sollten wir lieber schweigen.

Wenn Menschen um uns herum in eine Krise schlittern, neigen wir oft dazu, schnelle Erklärungen zu liefern, lieblos hingeworfene Antworten. Interessanterweise liegen unsere Antworten zu 99 Prozent immer daneben.

Das Buch Hiob lehrt uns, dass die «Freunde» das Falsche gesagt haben. Sie haben Hiob unglaubliche 22 Kapitel lang mit einem zentralen Gedanken zugetextet, der die Theologie ihrer Zeit darstellte. Dahinter verbirgt sich die Idee, dass guten Menschen Segen und Wohlstand widerfährt, während böse Handlungen Leid zur Folge haben:

«Tja, Hiob, wenn es dir mies geht, hast du etwas ausgefressen, weshalb du das eben verdienst. Das ist Karma, Bruder, schlechtes Karma! Wenn du bereust und dich in Schutt und Asche legst, wird das Leid aufhören. Ganz sicher!»

Diese Argumente, die Hiobs Freunde aus ihrer Hobby-Theologie-Kiste hervorkramen, treiben auch heute noch ihr Unwesen in unseren Kirchen. Betrachten wir sie näher.

1. Elifas' Theologie: Er argumentiert mit seinen Erfahrungen. Sein Schwerpunkt liegt auf der Sünde: «Wenn du nicht gesündigt hättest, dann würde Gott dich nicht bestrafen!» Gott sagt zu dieser Theologie: «Smoke it!»

2. Bildads Theologie: Er argumentiert mit der Tradition. Er rät Hiob, Gott mehr zu suchen: «Wenn du mehr beten und Bibel lesen würdest, dann würde Gott dich segnen!» Gott sagt zu dieser Theologie: «Smoke it!»

3. Zofars Theologie: Er argumentiert mit guten Taten. Er appelliert an den Willen Hiobs: «Wenn du dich verändern würdest, dann würde es dir gut gehen!» Gott sagt zu dieser Theologie: «Smoke it!»

Das Wozu ist manchmal offensichtlich und manchmal nicht. Wenn es nicht offensichtlich ist, gibt es Regeln, an die man sich als Gentleman hält.

Hier die vier «Geht nicht» im Gespräch mit Leidgeprüften:

1. Interpretieren: «Warum? – Darum!»
2. Moralisieren: «Du musst halt einfach mehr ..., dann ...»
3. Generalisieren: «Das passiert halt, wenn ...»
4. Bagatellisieren: «Halb so schlimm, kommt schon gut, easy, Fish!»

Wenn du dich daran hältst, wird es deinem Freund und dir besser gehen.

Wir sollten weniger Antworten geben und stattdessen GOTT mehr Fragen stellen. Denn er kennt wirklich die richtigen Antworten für diese Situationen, in denen wir uns nicht mehr zurechtfinden. Fragen stellen bedeutet nämlich auch, dass ich mich mit dem anderen auseinandersetzen möchte. Dass ich interessiert bin. Dass ich mehr von dem Gegenüber wissen möchte. Fragen stellen zeigt, dass eine Beziehung vorhanden ist und man sich nach mehr davon sehnt.

Das bringt mich zur nächsten Frage:

WAS IST, WENN GOTT ANDERS ANTWORTET, ALS ICH ES ERWARTE?

Ich habe mich schon häufig dabei ertappt, dass ich in meinen Gedanken Gottes Antwort schon vorformuliere. Ich weiß eigentlich, was er mir auf meine Frage antworten müsste. Dumm nur, dass ich in hundert Prozent der Fälle falsch liege. Tja, seine Gedanken sind irgendwie höher. Und das liegt jetzt nicht nur daran, dass ich klein an Körpergröße bin. Nein, es liegt vielmehr daran, dass er Gott ist, und ich bin eben ein Mensch.

Ein tiefgläubiger Christ kann gleichzeitig mit Fragen und Glauben leben. Wir sind nicht «entweder – oder», sondern «sowohl als auch».

In Markus 9,21–24 steht eine Geschichte, die genau das exzellent ausdrückt. Da geht es um einen Sohn, der unter epileptischen Anfällen leidet:

«Wie lange leidet er schon darunter?», fragte Jesus den Vater.

Der antwortete: «Von Kindheit an. Schon oft hat ihn der böse Geist in ein Feuer oder ins Wasser geworfen, um ihn umzubringen. Hab doch Mitleid mit uns! Hilf uns, wenn du kannst!»

«Wenn ich kann?», fragte Jesus zurück. «Alles ist möglich, wenn du mir vertraust.»

Verzweifelt rief der Mann: «Ich vertraue dir ja – hilf mir doch, meinen Unglauben zu überwinden.» (Hfa)

Wenn du dich in einer Glaubenskrise befindest, willst du Gott vertrauen. Du weißt, dass Gott gut ist, du weißt, dass er alles kann. Aber in so einem Tief bist du von unzähligen Fragen umzingelt. Die Leute in deinem Umfeld sagen vielleicht: «Du musst nur glauben und vertrauen!» Das kann man leicht sagen, wenn man ganz oben ist. Unten ist es einfach ein Blablabla.

Der Mann in unserer Geschichte sagt zu Jesus: «Ich will vertrauen!»

Wenn du schon lange mit Jesus unterwegs bist, kommst du vielleicht auch des Öfteren zum Schluss, dass du sagst: «Als ich noch jung war, glaubte ich das auch noch. Glaube ist komplexer.» Und du schiebst die Wunder zur Seite. So wird es auch einfacher, denn du musst dann nicht mehr mit diesen Fragen leben. Wenn es keine Wunder gibt, muss ich mich auch nicht mehr fragen, warum sie nicht eintreffen.

So ist es wohl dem Mann ergangen. Und dann steht er Jesus gegenüber und muss sich das eingestehen und auch merken, dass er zurückwill. Der

Mann sagt: «Ich will! Aber ich habe es zu oft erlebt, so oft geglaubt, so oft gefastet. Und es hat nicht funktioniert. – Jesus, hilf mir, ich will wieder glauben!»

In Habakuk 1, Vers 12 macht der Prophet eine folgenschwere Aussage: «O Herr, mein Gott, bist du nicht von jeher unser heiliger Gott? Du wirst uns nicht sterben lassen, denn du bist für uns wie ein schützender Fels.» (Hfa)

Gott ist ein schützender Fels

Kreiere ein Glaubensbekenntnis in deiner Seele, wenn du ganz unten bist. Mach ein Statement zu deinem Geist, zu deinem Körper. «Gott ist und bleibt mein Fels.» Das ist unabhängig davon, ob ich es verstehe oder begreife.

Als Jesus Gott am Kreuz die Frage stellte: «Warum hast du mich verlassen?», hat er damit nicht gesagt: «Gott, du bist nicht mehr mein Fels.» Sondern: «Ich verstehe es nicht, aber ich werde dich nicht loslassen.»

Habakuk sagt dasselbe: «Ich umarme dich. Ich lasse dich nicht los. Niemals.» Er macht einen auf Klammeraffe. Auf Gecko an der Wand.

Hauptsache, ich hefte mich mit allem, was ich habe und bin, an diesen Jesus. «Ich gehe mit dir, Jesus, da durch. Mich wirst du nicht los!» Mal abgesehen davon, dass Jesus dich keine Sekunde loslässt. Aber er ist da extrem großzügig, uns das Gefühl zu geben, dass wir nicht loslassen.

Dann heißt es bei Habakuk weiter: «Die Babylonier hast du dazu bestimmt, dein Strafgericht an uns zu vollstrecken. Dabei bist du doch zu heilig, um Böses mit ansehen zu können; du erträgst es nicht, wenn Menschen Unrecht geschieht. Warum siehst du dann dem Treiben dieser Verbrecher tatenlos zu? Warum schweigst du, wenn diese Gottlosen andere vernichten, die doch rechtschaffener sind als sie?»

In der tiefsten Krise greife ich schon mal auf das dritte Kapitel von Habakuk vor. Ein Kapitel voller Worship. Habakuk zeigt, was zu tun ist, wenn man ganz unten angekommen ist: Gott anbeten.

Mitten in der Glaubenskrise sagt Habakuk: «Gott ist mein Fels. Gott ist mein Freund. Gott ist mein Heiler. Gott hat mir vergeben.» Ich bete Gott an für das, was er ist. Und ich rechne in der Anbetung damit, dass Gott mich zu gegebener Zeit aus dem Tal wieder auf den Berg führt.

Wusstest du, dass nur Stürme Bäume stark machen? So ist es, wenn es in unserem Leben stürmt. Diese Tiefschläge ermöglichen, dass mein Glaube wächst und meine Wurzeln tiefer zu Jesus hinwachsen.

Jede Palme lässt sich biegen, weil die Stürme sie schon mehrmals geschüttelt haben. Sie lässt ihre Wurzeln zuerst ins Erdreich hinunterwachsen, bevor sie oben wächst.

Ich ende mit unserer ICF-Geschichte, die ich an den Anfang dieses Kapitels gestellt habe. Wir waren ganz unten. Wir fühlten uns manchmal wie Vertriebene. Wir haben am Sonntagmorgen um 2 Uhr angefangen, unser Equipment für die Celebrations und die Kids-Celebrations auszuladen und aufzubauen. Die Kinder trafen sich in Garderoben, in muffigen Räumen, wo gerade noch Platz war, irgendwo in einem Loch.

Wir haben alles wieder abgebaut, in LKWs versorgt, die dann irgendwo im Aargau geparkt wurden, weil es in Zürich keine Plätze gibt. Und dann stellst du diesen Lastwagen am Montagmorgen um 2 Uhr irgendwo im Nirgendwo im Aargau ab und fragst dich ab und zu: «Lohnt sich das?»

In all dem versuchte ich immer positiv zu bleiben, dankbar zu sein für jeden Raum, den wir hatten. Aber ganz ehrlich: Die Räume waren oft eine Katastrophe. Der Aufwand war zu groß. Die Last eigentlich zu schwer. Ganz zu schweigen vom finanziellen Aufwand. Wir waren ganz unten. Es gehört zu unserer Geschichte als ICF Zürich. Jetzt sind wir in der Samsung Hall. Es läuft. Wir sind wieder oben. Wir haben alles richtig gemacht. Zum Glück haben wir nicht aufgegeben und sind positiv geblieben.

Heute kommen jeden Sonntag neue Besucher und sagen: «Wow, es sieht aus, als seid ihr schon immer in der Samsung Hall gewesen.» – «Logisch! Immer!»

Nein, wir waren ganz unten.

Ich habe bewusst die Person von Habakuk für dieses Buch gewählt. Wegen unserer Geschichte. Wir haben uns über all die Jahre hinweg gewundert, wir haben gewartet und nie unsere Augen verschlossen. Wir sind nie weggegangen. Wir haben gewartet und gemeint, es werde besser. Aber es ist noch schlimmer gekommen.

Wir gingen gebrochen und demütig in die Samsung Hall, müde, voller Fragen.

Jemand hat kurz vor dem Einzug gefragt: «Leo, warum freust du dich nicht auf die Samsung Hall?»

«Weil ich immer noch hier ganz unten bin. So fühle ich mich seit drei Jahren. Vielleicht bin ich erst im Sommer oben, weil ich es nach zwanzig Jahren einfach nicht glauben kann, dass alles gut wird.»

Unsere Samsung Hall steht an der Hoffnigstrasse 1. Diese Street of Hope und die Geschichte von Habakuk sind eine Botschaft für dich persönlich. Wenn du mit Gott unten in deiner Glaubenskrise wartest und nicht davonläufst, deine Augen auf Gott richtest und ihn umarmst, ja, durchaus auch mit Gott kämpfst, wirst du wieder Land und Höhe gewinnen. Dann weißt du, was Worship bedeutet. Du weißt, was es heißt, von Gott hart getestet zu werden. Du hast das durchlebt. Wenn du das erlebt hast, dann steht dein Glaube fest. Du weißt, was für ein Fels dein Jesus ist!

Davon kann Jakobus auch ein Lied singen – oder in seinem Fall einen ermutigenden Text an seine Glaubensgeschwister schreiben:

Jakobus 1,2–3: «Liebe Brüder und Schwestern! Betrachtet es als besonderen Grund zur Freude, wenn euer Glaube immer wieder hart auf die Probe gestellt wird. Ihr wisst doch, dass er durch solche Bewährungsproben fest und unerschütterlich wird.» (Hfa)

Ich möchte diesen herausfordernden und gleichzeitig ermutigenden Text mit einer Grafik noch verdeutlichen.

Anfang

Am Anfang deines Lebens steht Gott. Er ist dein Schöpfer und Vater, ein unglaublich guter Gott mit einem guten Plan für dein Leben. Aber vielleicht entpuppt sich dieser Plan erst im Nachhinein als gut.

Am Ende deines Lebens steht auch Gott. Mit offenen Armen erwartet er dich. Von ihm kommst du, zu ihm gehst du. Er ist der Anfang und das Ende.

† †

Anfang *Ende*

Dazwischen liegt dein Leben mit vielen schönen Momenten und vielen Schwierigkeiten. Diese Situationen werfen viele Fragen auf, und oft verstehst du Gottes Absicht und Plan nicht. Die entscheidende Frage ist, ob du in all diesen Situationen den Mut aufbringst, Gott zu vertrauen und zu glauben, dass er mit dir und deinem Leben zum Ziel kommt.

trust

Anfang *Ende*

Ich wünsche dir von ganzem Herzen, dass du dich nie entmutigen lässt und dein Vertrauen auch gerade durch dieses Buch wächst. Und ich wünsche dir viel Vorfreude auf den Tag, an dem du deinem Schöpfer und himmlischen Vater von Angesicht zu Angesicht begegnest.

OFFENBARUNG 21,4 Hfa: «[Gott] wird ihnen alle Tränen abwischen. Es wird keinen Tod mehr geben, kein Leid, keine Klage und keine Schmerzen; denn was einmal war, ist für immer vorbei.»

hören

auf Gott

KAPITEL 2

Im Leben läuft nicht immer alles so, wie man es sich vorstellt. Es gibt Situationen, die wir anders planen.

Grundsätzlich gehen wir davon aus, dass Gott gut, gnädig und gerecht ist und dass er für unser Leben einen duften Plan auf Lager hat. Und dieser Plan ist gespickt mit seinen fantastischen Zeichen und Wundern. Das alles wissen wir, das alles glauben wir. In der Theorie. Der biblischen. Denn ziemlich schnell sind wir blockiert, wenn plötzlich Situationen im Leben auftauchen, die nicht zu dem passen, was wir glauben. Das, was wir sehen, ist nicht das, was wir glauben.

Das Problem in all dem ist, dass wir häufig unsere Hausaufgaben nicht gemacht haben und Dinge glauben, die so gar nicht in der Bibel stehen. Habakuk kennt dieses Dilemma auch. Grundsätzlich geht er auch davon aus, dass Gott toll ist und groß und einen Schwarzenegger-Bizeps hat, mit dem er unseren größten Problemen den Garaus macht. Doch dann gerät auch der gute Habakuk in Situationen, wo er doof aus der Wäsche guckt, weil das Leben anders läuft, als er es auf dem Reißbrett entworfen hat.

Dann tut es gut, sich als Erstes mal an folgenden Vers zu erinnern:

Jesaja 55,9: «Denn wie der Himmel die Erde überragt, so sind auch meine Wege viel höher als eure Wege und meine Gedanken als eure Gedanken.» (Hfa)

Nehmen wir den Mann mit dem lustigen Namen, der diesem Buch immerhin den Titel gegeben hat, noch genauer unter die Lupe. Ob er seinen Namen allerdings lustig fand, wage ich zu bezweifeln. Bestimmt wurde er deswegen von seinen Klassenkameraden des Öfteren gehänselt. «Wo zum Kuckuck steckt Habakuk?», dürfte noch einer der netten Sprüche gewesen sein.

Er lebte rund 600 Jahre vor Christus, und in der Bibel reiht er sich ein als einer der zwölf kleinen Propheten. Tja, mit so einem Namen hatte er wohl auch keine Chance auf einen der begehrten Plätze unter den großen Propheten wie Jesaja oder Jeremia. Dafür hätten seine Eltern ihn wohl Jabakuk taufen müssen.

Als Prophet hatte er die unangenehme Aufgabe, seinem Volk Gottes Meinung zu verklickern. Und die war in den meisten Fällen nicht sehr positiv. Gut, das lag vor allem auch daran, dass das Volk sich keinen Deut um Gottes Gebote scherte.

Gott sprach also direkt zu Habakuk und teilte ihm mit, dass er das Volk Israel bestrafen würde, da sie sich nicht mehr an seinen Werten und Maßstäben orientierten. Die ganze Mannschaft würde nach Babylonien verschleppt werden.

Habakuk dachte im ersten Moment, dass das nur für die bösen Jungs unter ihnen zählen würde: «Kein Thema, Gott, das macht Sinn. Strafe muss sein für die Sünder unter uns!»

Doch Gott erwiderte: «Du hast mir nicht richtig zugehört. Ich sagte: die ganze Mannschaft. Alle werden verschleppt. Auch die Guten, die Coolen. Alle werden nach Babylonien transferiert.»

Habakuk schüttelte nur den Kopf: «Versteh ich nicht, Gott. Das ergibt nullo Sinn, manno! Warum müssen die guten Menschen leiden, wenn die schlechten das Ding an die Wand fahren?»

Kommt dir das irgendwie bekannt vor? Überspitzt frage ich Gott oft: «Warum geht es den schlechten Menschen gut und den guten schlecht?»

GOTTES WEGE SIND MANCHMAL ECHT SCHWER ZU VERSTEHEN

Ich weiß nicht, ob du es wusstest. Aber in mir schlummert ein kleiner Picasso. Ich hoffe, du hast Bock auf meine Zeichenkunst im Zusammenhang mit Habakuks Leben. Sein Leben war eine Achterbahn. Kennst du das?

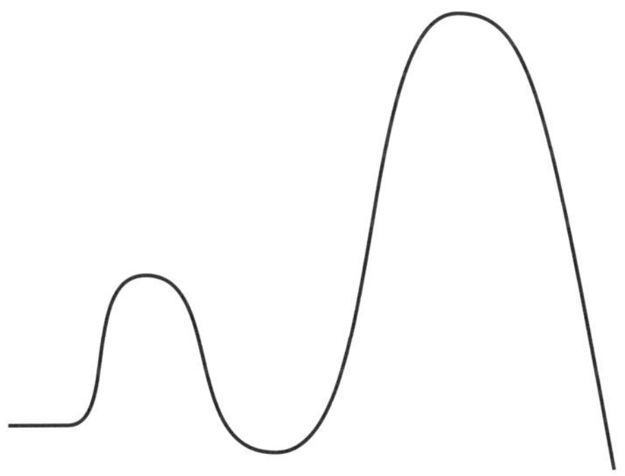

Unser Leben verläuft immer in Kurven. Einmal geht es rauf. Ein anderes Mal wieder runter.

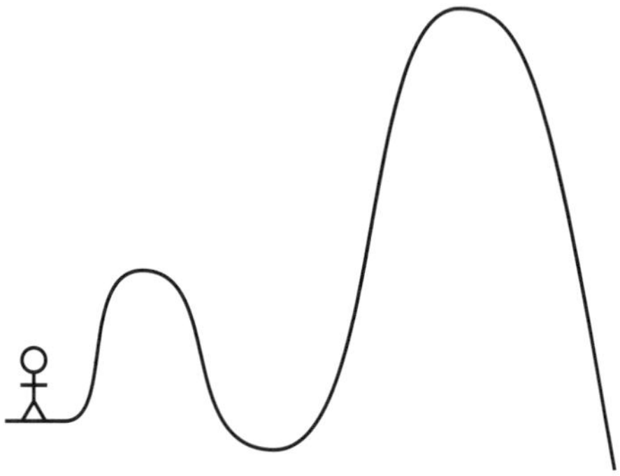

Du startest mit Gott in deinem Glaubensleben.

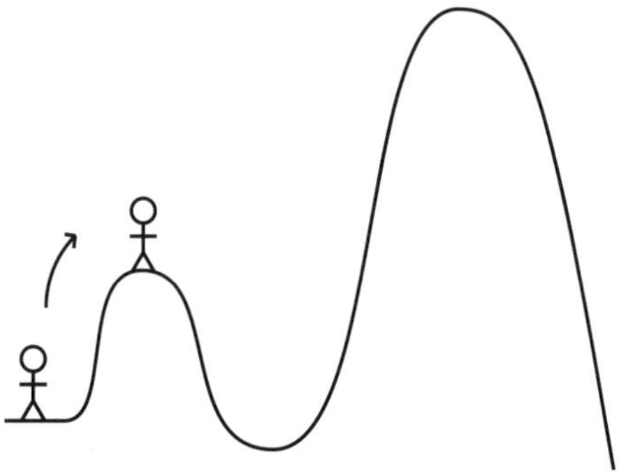

Und es geht rauf und rauf und rauf bis an den höchsten Punkt vom «Silver Star» im Europapark. Die Aussicht von dort oben: traumhaft! Außer du hast Höhenangst. Denk dir die einfach mal weg.

Du kommst zum Glauben, liest in der Bibel, fängst an, das Gelernte anzuwenden, du spendest Geld ins Reich Gottes, und Gott wirkt die kleinen und großen Wunder, und du kommst aus dem Staunen nicht mehr raus. Du betest für Kranke, und alle werden gesund. Du gehst in die Kirche, und bei jedem Worship-Lied zieht es dir automatisch die Hände in die Höhe, denn der Text ist wie auf dich zugeschnitten – und ja, der Lobpreisleiter muss ein Prophet sein und hat diesen Song extra für dich geschrieben. Unglaublich! Ganz euphorisch bist du am Praisen und steigst auf der Liederleiter immer höher gen Himmel.

Und, oh Wunder, auch der Prediger trifft ins Schwarze. Jeden Sonntag. Jede Predigt wie maßgeschneidert für dich. Du denkst: *Das ist meine Kirche, hier bleibe ich für immer!*

Du gehst an Weihnachten für den Großeinkauf in die Stadt, um bei der Bescherung groß auftrumpfen zu können. Leider machen das gefühlt auch alle anderen 900.000 Einwohner der Stadt und der Agglomeration. Folge: Es gibt keine freien Parkplätze. Du betest ein Gebet, und vor dir fährt ein Mercedes weg. Du parkst genau vor deinem liebsten Warenhaus. So ist Gott! *Danke, Boss, jetzt geh ich zu Hugo Boss einkaufen!* Du schwebst von Highlight zu Highlight. Du fliegst auch ohne Red Bull mit Jesus so richtig durch die Lüfte. Jetzt bist du ganz oben und möchtest am liebsten, dass es immer so bleibt.

Als junger Mann erlebt Habakuk einen großartigen Gott im Himmel. Gott erhört seine Gebete, wendet seine himmlischen Tricks an, führt Habakuk von Zeichen zu Wundern und zurück. Habakuk schwebt förmlich über dem Boden. Voller Glauben und mit erhobenen Praisehänden und gutem christlichen Gewinnerlächeln wandelt er mit seinem himmlischen Vater durch die Zeiten. Er ist ganz oben. Oben ist immer gut. Oben ist es immer schön. Und es ist schön, wenn es schön ist. Dort oben ist alles kein Thema. Es läuft einfach.

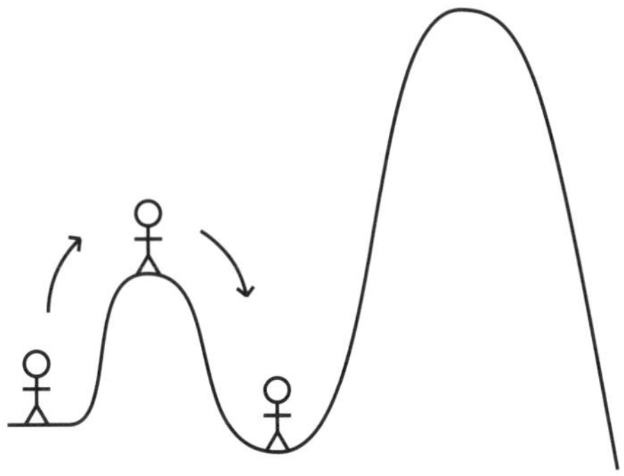

Doch wie beim Silver Star geht es irgendwann auch mal runter. Und runter ist dann doch eher unangenehm. Besonders bei empfindlichem Magen.

Die Worship-Lieder sind plötzlich nicht mehr so erhebend. Plötzlich steht nicht mehr dein Held, der Lobpreisleiter, im Fokus, sondern deine «Low-Price-Ladder».

Die Leiter gen Himmel hat plötzlich keine Sprossen mehr, und du stakst eher wie ein gestutzter Flamingo im Zoo am Boden rum und fühlst die Gegenwart Gottes nicht mehr.

Die Predigt ist megacool für die Neuen, aber dir geht sie nicht mehr ins Herz rein.

Du hast für einen kranken Arbeitskollegen gebetet, und statt nur mit seiner Erkältung liegt er jetzt mit einer schweren Grippe flach. Au Backe!

Du fährst in die Stadt, betest und hast auch nach zwei Stunden immer noch keinen Parkplatz. Doofe Mercedes-Fahrer, viel zu lange Autos! Bei deinem liebsten Warenhaus ist sowieso alles zu. Du merkst, vieles funktioniert überhaupt nicht mehr, und du steckst in einer handfesten Krise.

Und wenn du hier unten angekommen bist, in einer Phase, in der du von Gott so viel wie gar nichts mitkriegst, gibt es zwei Möglichkeiten, darauf zu reagieren.

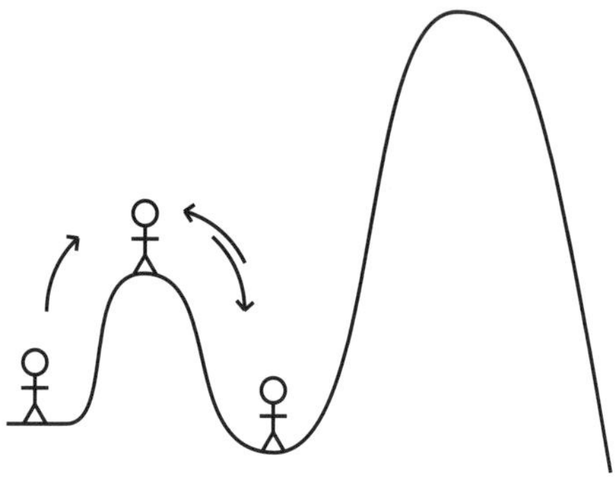

Die einen sagen, man müsse unbedingt wieder rauf, wo alles funktioniert hat, koste es, was es wolle. So werden oft Geschichten erfunden:

Du gehst zum Arzt, du humpelst, und der Arzt sagt:

«Sie haben Ihr Bein gebrochen.»

Und du erwiderst: «Herr Arzt, ich bin gesund im Namen von Jesus. Mein Bein ist nicht gebrochen. Ich humple ja überhaupt nicht.»

Zum Zeichen stellst du dich auf das Bein, und im nächsten Augenblick schreist du wie ein neugeborenes Baby.

Der Arzt schüttelt nur den Kopf.

Du verschließt die Augen vor den Tatsachen und hast einen Realitätsverlust. Das passiert in unseren christlichen Breitengraden öfter, als man denkt. Die Realität wird einfach ignoriert.

Der Chef kündigt einem Mitarbeiter, und dieser sagt: «Wenn eine Tür zugeht, öffnet sich eine andere. Gott hat noch eine bessere Arbeitsstelle für mich bereit.»

Dann ist er sechs Monate arbeitslos, und die Tür ist immer noch verschlossen. Und der Mitarbeiter sagt mit verbissener Miene: «Ich werde eine Stelle haben, ich werde eine Stelle haben!»

Das sind die Frauen und Männer, die einfach ihre Augen verschließen und dann häufig auch nichts unternehmen, als ständig irgendwelche pseudochristlichen Mantras aufzusagen.

Die anderen in der gleichen Situation schlussfolgern: «Der Glaube ist eine einzige Katastrophe. Funktioniert nicht. Schick ich im Paket an Zalando zurück. Begründung: Passt nicht. Gefällt nicht. Mangelware.»

Sie schließen mit Gott ab und verabschieden sich klammheimlich durch die Hintertür. Auf französische Art, ohne irgendjemandem Tschüss zu sagen. Schon gar nicht Gott. Von einem Moment auf den anderen ignorieren sie ihn komplett und tun so, als ob er gar nicht existieren würde. Die Bibel

ist für sie dann eine Fantasiewelt, die im eigenen Leben nicht funktioniert hat. Glücklicher werden diese Menschen mit ihrer Entscheidung nicht. Eher bitter. Statt besser.

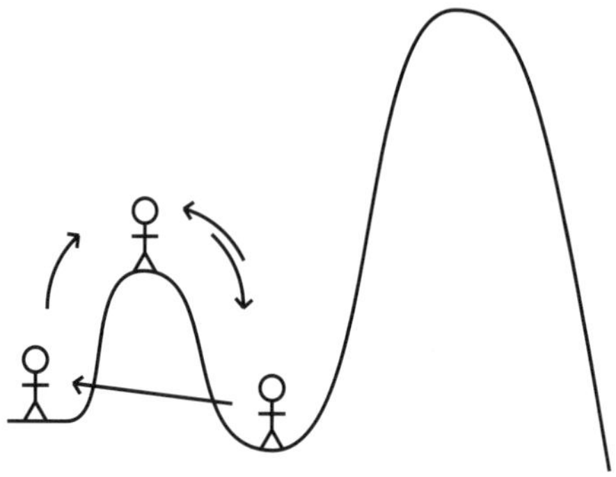

Schade, dass beide Gruppen von Menschen noch nie was von Habakuk gehört haben.

Habakuk wundert sich

Im ersten Kapitel von Habakuk geht es um das Wort «wundern». Nach seinem fulminanten Start und dem noch fulminanteren Fall wundert sich Habakuk, wieso er da unten ist: *Was habe ich falsch gemacht?* – Nicht unbedingt viel.

Dazu gibt es einen Bibelvers im Jakobusbrief 1, Vers 2–3, der sowohl Habakuk als auch dir weiterhelfen kann: «Liebe Brüder und Schwestern! Betrachtet es als besonderen Grund zur Freude, wenn euer Glaube immer wieder hart auf die Probe gestellt wird. Ihr wisst doch, dass er durch solche Bewährungsproben fest und unerschütterlich wird.» (Hfa)

Jakobus spricht in diesen Versen von ganz unten, wo die Sonne nicht mehr scheint, wo nicht mehr alles funktioniert. Hier unten wird dein Glaube getestet, und wer dort ist, soll sich nicht nur wundern, sondern auch warten.

Wenn du dich wunderst, warte. Gehe nicht weg, verschließe deine Augen nicht, sondern warte. Umarme Gott in deinem Warten. Ringe mit ihm in deinem Warten.

Das ist, ich gebe es zu, eine unglaublich große Herausforderung, gerade dann, wenn plötzlich Gebete nicht erhört werden, wenn beim Worship die Töne an der Decke kleben bleiben und die Arme schwer werden wie Blei, weil die Engel plötzlich verschwunden sind, die normalerweise die Arme stützen, und wenn das Bibellesen auf einmal so viel Spaß und Inspiration bringt wie das Lesen des Börsenindexes. Die krassen Wunder verziehen sich wie das Käsefondue im Sommer.

Und schneller, als du denken kannst, befindest du dich im tiefsten Tal, wo der Glaube ein Schattendasein fristet und vor sich hin lümmelt.

Und wenn du es dann Habakuk-like machst und wartest und Däumchen drehst, kommen sie wie von alleine – die fetten Fragen:

- Gott, wo bist du?
- Warum bist du so weit weg?
- Warum erhörst du mich nicht, wenn ich aus voller Kehle und tiefster Verzweiflung zu dir schreie?

Das Positive, wenn du Fragen stellst, ist, dass du nicht weggelaufen bist. Und dazu gratuliere ich dir schon mal! Du flüchtest nicht, sondern stellst deine Fragen an Gott. Du willst die Sache klären.

Und weißt du, was? Gott liebt Klarheit. Die Sache zu klären ist in seinem Sinn. Und dir neue Wege aufzuzeigen, Wege aus der Krise. Das ist sein Hobby. Wenn du wartest und nicht aufgibst, wird Gott neue Wege führen.

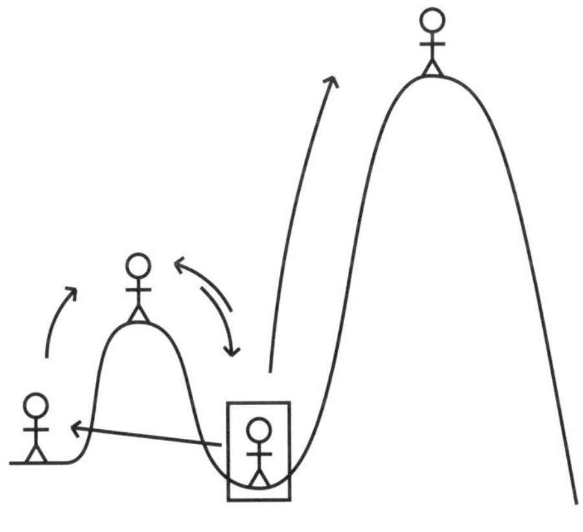

Und diese neuen Wege fangen dort an, wo du Fragen stellst.

Ich hab da mal eine Frage

Ich möchte eines klarstellen: Gott Fragen zu stellen, ist schwer in Ordnung. Es ist nicht dasselbe, wie Gott in Frage zu stellen. Wenn du Gott Fragen stellst, stellst du ihn damit nicht in Frage. Fragen stellen bedeutet: Ich möchte verstehen, warum du tust, was du tust! Habakuk sagt: «Ich habe richtig heavy Fragen an dich, aber du bist mein Fels. Punkt. Du wirst dich nicht verändern. Punkt. Ich stelle dich als Person nicht in Frage.»

Wenn du unten bist, gibt es verschiedene Reaktionen. Die einen wollen möglichst schnell unbedingt zurück nach oben kraxeln, weil sie wieder da sein wollen, wo sie Gott so spürbar und atemberaubend erlebt haben. Dabei verschließen sie gerne die Augen vor der Realität. Sie tun so, als wären alle Christen immer nur gesegnet, immer nur cool, immer nur krass im Spaß.

Andere hängen den Glauben an den Nagel und verlassen auf leisen Sohlen durch die Hintertür der Sakristei die Kirche auf Nimmerwiedersehen. Glaube hat nicht funktioniert.

«Hier, kannst du zurückhaben und knicken! Ich habe gebetet, gefastet, geschuftet und geackert wie ein Gaul im frommen Kuchen. Und weißt du, was? Meine Tochter ist dennoch gestorben.»

Kürzlich habe ich Marie getroffen. Sie erzählte mir, dass sie mit ihrem Kollegen Sven auf großer Wandertour war. Sven rutscht an einer ausgesetzten[1] Stelle aus, stürzt hinunter und ist sofort tot. Er war gläubig, sie war gläubig. Waren sie. Beide waren bis zu diesem furchtbaren Ereignis ein Teil der ICF-Familie. Nach dem Todesfall hat Marie unsere Kirche verlassen. Sie verstand Gott nicht. Warum ließ Gott so etwas zu? Warum griff er nicht ein?

Es gibt viele Frauen und Männer, die Sachen erlebt haben, die nicht so einfach in unser hübsches vorgefertigtes Glaubenskonzept reinpassen. Klar, wenn man lange genug würgt, kriegst du es vielleicht schon irgendwie runter, aber ob du danach schlauer bist, das wage ich zu bezweifeln. Ich glaube, diese Fragen brauchen weiten Raum, um atmen, und Zeit, um reifen zu können. Deshalb ist mir dieses Buch so enorm wichtig.

[1] Ausgesetztheit ist ein Begriff des Alpinismus. Als ausgesetzt werden diejenigen Stellen eines Weges oder einer Kletterroute bezeichnet, bei denen aufgrund der Steilheit des Geländes im Fall eines Absturzes große Verletzungsgefahr besteht. Werden solche Routen ungesichert begangen, ist eine hohe Trittsicherheit erforderlich, da ein Fehltritt eine große Fallhöhe zur Folge haben kann (Quelle: de.wikipedia.org).

Ganz unten angekommen, gibt uns Habakuk ein paar einfache Tipps, wie du von dort wieder raufkommen und die gute, alles überragende Gegenwart Gottes in deinem Leben wieder einatmen kannst.

In Habakuk 2, Vers 1 heißt es: «Jetzt will ich meinen Platz auf dem Turm an der Stadtmauer einnehmen. Dort halte ich wie ein Wachposten Ausschau und warte gespannt darauf, was der Herr mir auf meine Klage antworten wird.» (Hfa)

Habakuk suchte einen Platz an der Mauer. Ich wohne in Wallisellen. Stadtmauer Fehlanzeige. Wie gehe ich jetzt mit diesem Bibelvers um, ohne dass ich vorher fünfzig Jahre damit beschäftigt bin, Pflastersteine um mein Städtchen aufzutürmen?

Mein Lieblingssessel

Wenn du im tiefsten Loch in deinem Leben angekommen bist, gibt es ein ganz einfaches Ritual: Wenn du am Morgen früh mit deinem Gott sprichst, dann suche dir vorher einen Lieblingsplatz aus. Such dann deinen Lieblingsplatz auf, um mit deinem Lieblingsgott Zeit zu verbringen.

Susanna, meine Frau, zum Beispiel setzt sich bei uns zu Hause jeden Morgen auf ihren Lieblingssessel am Fenster. Wenn wir unterwegs sind, packt sie nicht etwa das Monsterteil aufs Auto, nein, sie schnappt sich den Sessel im Hotelzimmer und schiebt ihn ans Fenster. Sie würde niemals auf dieses Ritual verzichten. Sie sucht ihr Lieblingsobjekt, einen Sessel, schiebt ihn an ihren Lieblingsort, das Fenster, und spricht mit ihrem Lieblingsgott. Sehr einfach. Sehr wirkungsvoll.

Wenn du so weit bist, mach es dir unbedingt extrem bequem. Bevor du Gott nun die Fragen stellst, die dir unter den Nägeln brennen, schiebst du dein Lieblingslied in den CD-Player, startest deinen iTunes-Player oder was der Geier auch immer du hast, um Musik zu hören. Auf jeden Fall wähle einen Song, welcher dein Herz sperrangelweit öffnet und deinem Glauben in den Hintern tritt und ihn auf Vordermann bringt. Mein Tune ist:

«I believe in you. You're the God of miracles ...» Ich glaube an dich. Du bist der Gott der Wunder.

Und weil dieser Gott der Wunder in mir lebt,
können mich Versuchungen nicht stoppen,
können Menschen mich nicht zerstören,
kann Geld mich nicht kaufen,
können Menschen, die mich hassen, mich nicht zum Schweigen bringen,
können Dämonen mich nicht besiegen.

Ich habe im ICF schon viele Frauen und Männer gesehen, die gestorben sind, trotz ihrem starken Glauben. Wir haben sie mit Öl gesalbt und Gott um Heilung angefleht. Doch Gott hat sie zu sich nach Hause geholt.

Wenn ich nun dieses Lied höre, löst es in mir den Glauben aus, dass bei Gott nichts unmöglich ist. Ich lasse nicht zu, dass meine Erfahrung meinen Glauben prägt, kleinhält und zum Statisten degradiert. Darauf hab ich echt keinen Bock. Weil ich weiß, wie groß Gott ist.

Aber ich verschließe meine Augen auch nicht vor der Realität. Wieso diese Menschen gestorben sind, weiß ich nicht. Aber für mich ändert sich nichts an der Tatsache, dass Gott ein Gott der Zeichen und Wunder ist. Weil Gott aus dem Unmöglichen Mögliches schafft. Das hat er drauf wie kein Zweiter. Das habe ich schon so oft mit meinen eigenen Augen gesehen.

Darum ist dieses Lied so wichtig, es prägt und stärkt meinen Glauben. Dieses Lied zieht mich ans Herz von Jesus. Das ist der Ort, wo mein Herz hingehört. Und deins genauso. Dein Herz gehört nicht an den Ort des Zweifels. Du kannst Zweifel haben, aber dort zu verweilen, ist suboptimal, ist menschlich. Ich jedoch strecke mich nach dem aus, was göttlich ist. Definitiv.

Ich glaube, dass Gott immer heilt. Es sind für mich die drei Arten der Heilung: Heilung sofort, Heilung als ein Prozess und Heilung im Himmel. Dies ist die doppelte Hoffnung, die wir Christen auf Erden haben. Entweder heilt Gott uns auf dieser Erde, oder wir werden für alle Ewigkeit im Himmel gesund sein.

Ich höre

Nachdem du dir einen Ort ausgesucht hast, wo du heftig-deftig mit Gott connecten kannst, gilt es in einem zweiten Teil, mal kräftig die Ohren durchzupusten und anschließend die Lauscher aufzustellen. Habakuk sagt:

Habakuk 2,1: «[Ich] warte gespannt darauf, was der Herr mir auf meine Klage antworten wird.» (Hfa)

Warte. Warte gespannt. Warte geduldig. Warte auf das Reden Gottes. Und dann hör zu. Höre, was Gott dir in deiner Situation zu sagen hat.

Gott spricht auf verschiedene Weisen zu uns: durch die Bibel, durch Worship, durch einen Engel, ja manchmal sogar durch einen Esel, wenn wir uns die unglaubliche Geschichte Bileams im Alten Testament reinziehen.

Gott spricht auch durch Träume. Ein Traum, den man nicht deutet, ist wie ein ungelesenes WhatsApp. Träume haben großes Potenzial, wenn es um das Sprechen von Gott geht. Was möchte Gott mir durch das Nachtkino sagen?

Doch die häufigste Art, wie er spricht, ist: in dein Gewissen, deine Gedanken und dein Gefühl hinein.

Sprüche 27,19: «Im Wasser spiegelt sich dein Gesicht, und durch die Menschen um dich herum erkennst du dich selbst.» (Hfa)

Wenn du deinen Augen für ein paar Minuten einen Shutdown gönnst und innerlich zur Ruhe kommst, dann fängt der große Meister des Universums zu sprechen an. Zu dir. Höchstpersönlich. Durch dein Gewissen, deine Gedanken, dein Gefühl. Jetzt gibt es nur noch ein klitzekleines Problem. Das, was du spürst und fühlst, ist nicht immer das, was du gerne hören möchtest. Verfilzt und zugemäht! Oft ist das, was ich tun sollte, nicht das, was ich hören möchte.

Habakuk hängt bei der Stadtmauer ab, hat auf der Bambusflöte sein Lieblingslied geträllert und seine Ohren gestärkt im Glauben an den Wind – und auf Empfang gesetzt. Er hat alles richtig gemacht.

Und was macht Gott?

Er sagt zu ihm: «Kuckuck, Habakuk!»

Habakuk: «Haha, sehr witzig ...»

Gott: «'Tschuldigung. – Deine ganze Generation wird nach Babylonien gehen. Ihr werdet an den Flüssen von Babylonien wohnen und weinen. Ihr werdet auch nicht schon morgen wieder heimkommen, sondern es dauert riiiiiichtig laaaaange.»

In Habakuk 3,16 heißt es: «Als Gott mir das alles zeigte, fing ich am ganzen Leib an zu zittern. Seine Worte ließen meine Lippen beben, der

Schreck fuhr mir in die Glieder, und ich konnte mich kaum noch auf den Beinen halten.» (Hfa)

Das, was du spürst und fühlst, ist nicht das, was du hören möchtest.

Der taffeste aller Apostel, Paulus im Neuen Testament, erlebt genau dasselbe. In 2. Korinther 12,8–9 sagt er:

«Dreimal schon habe ich den Herrn angefleht, mich davon zu befreien. Aber er hat zu mir gesagt: ‹Meine Gnade ist alles, was du brauchst! Denn gerade, wenn du schwach bist, wirkt meine Kraft ganz besonders an dir.›»

Und meint sicher dazu: «Oh Mann, so ein großer Mist aber auch! Dreimal habe ich dich schon gebeten, Gott, dass du diesen Pflock entfernst, und du sagst mir: ‹Nööö, lass mal, in der Schwachheit bist du stark›?» Paulus hat etwas gehört, das er nicht hören wollte.

Wenn du ruhig bist, wird es heikel. Gott nennt die Dinge beim Namen. Direkt. Ohne viel Blabla.

Vor elf Jahren waren wir als Familie in den Ferien. Warum ich das so genau weiß? Weil es einschneidende Ferien waren. Meine Frau las das Buch *Meine Lebensreise* von Robert Schuller. Er erzählt, wie er in LA eine Glaskathedrale gebaut hat. Diese gehört zu den zehn schönsten Kirchen der ganzen Welt.

Er hat den wohl besten Architekten Amerikas angeheuert, um das Teil zu zeichnen, und auch einen ebensolchen Bauführer, um das Ding hochzuziehen. Und dann hat er wohl wegen dem vielen Glas noch versucht, Meister Proper als Schwiegersohn für eine seiner Töchter an Land zu hieven. Auf jeden Fall: Er hat nicht auf das Geld geschaut, er wollte einfach nur die Besten.

Dann kommt meine Frau zu mir und sagt: «Leo, wir müssen im ICF unbedingt mal bauen. Das mit der Alten Börse geht nicht immer so weiter. Suche dir den besten Eventhallen-Architekten. Jemanden, der weiß, wie man eine moderne Kirche baut.»

Ich sagte zu ihr: «Ich kenne keine Architekten. Ich war in der Schule mit den Fußballjungs zusammen, nicht mit denen vom Zeichenclub.»

Susanna erwiderte nur: «Ich habe dich nicht nach einem Namen gefragt. Ich wollte dir nur sagen, fange an zu beten!»

Wie war das noch mal mit den verschiedenen Ohren?

Appell ... Beziehung ... wie auch immer, jetzt verstand ich, was mein Täubchen meinte. Doch ich wusste auch: Nur schon mit dem Beten zu beginnen, ist ein ungeheures Risiko.

Genau zu jener Zeit betete nämlich jemand aus unserer Kirche: «Herr, setze mich unter Feuer, lass mich wieder brennen für dich! Brenne alles weg, was nicht zu mir gehört.» Als er nach Hause kam, brannte seine Wohnung. Und das ist jetzt nicht etwa ein schlechter Scherz.

Beten bewegt Gottes Arm

Jakobus 5,16–18: «Denn das Gebet eines Menschen, der nach Gottes Willen lebt, hat große Kraft. Elia war ein Mensch wie wir. Er betete inständig, es möge nicht regnen, und tatsächlich fiel dreieinhalb Jahre kein Wassertropfen auf das Land. Dann betete er um Regen. Da öffnete der Himmel seine Schleusen, und die Erde wurde grün und brachte wieder ihre Früchte hervor.» (Hfa)

Beten ist nicht immer getan mit: Jetzt falte ich mal kurz brav die Hände und wechsle ein paar Worte mit der Chefetage. Hatte ich den Mut zu beten? Ich wusste, ein solches Gebet würde uns Millionen kosten. In meinem jugendlichen Tatendrang und weil die Situation in der gemieteten Halle immer ungünstiger wurde, wagte ich mich an dieses Gebet.

Und während ich so über mehrere Wochen immer wieder betete, kam mir eines Tages ein Mann in den Sinn, nennen wir ihn hier Paul. Ihm gehörte zu dieser Zeit eine der größten Eventfirmen. Ich besuchte ihn kurz darauf und fragte ihn:

«Wenn du Pastor wärst, was für eine Art Kirche würdest du bauen?»

Seine Antwort war: «Also, wenn du in Zürich ein Gebäude bauen willst, wie es mir vorschwebt, musst du mit mindestens zehn Jahren rechnen.»

Das war nicht das, was ich hören wollte. Wir konnten unmöglich weitere zehn Jahre bis zu unserem eigenen Gebäude warten. Mit verschränkten Armen und trotzig vorgeschobener Unterlippe erwiderte ich:

«Du kennst meinen Gott nicht! Kannst du dich nicht mehr an dieses großartige Kinderlied erinnern?» Ich sang ihm, wild mit den Armen fuchtelnd, «Mein Gott ist so groß, so stark und so mächtig, gar nichts ist unmöglich meinem Gott» vor. Und dann predigte ich weiter auf ihn ein. «Hör auf mit deinem Unglauben! Das Land suchen, kurz bauen, und dann steht das in zwei bis drei Jahren locker-flockig. Wenn es schlecht läuft, von mir aus in vier Jahren.»

Cool und abgeklärt und trotzdem liebevoll schaute Paul mich an: «Leo, wenn ich von zehn Jahren spreche, rede ich bereits von Wundern.»

Frustriert setzte ich mich hin. Ich wollte das nicht hören.

Kennst du das? Wenn du etwas nicht hören willst und du weißt, dass der andere recht hat? So was von.

Ziemlich auf den Tag genau zehn Jahre später sind wir im Januar 2017 in unser Zuhause an der Hoffnigstrasse 1 gezogen. Viele Wunder inklusive.

Was du in diesen zehn Jahren machen kannst, während du in einer Warteschleife deine Runden drehst? Du tust gut daran, wenn du dir dabei immer wieder ins Gedächtnis rufst, was am Ende des Tages wirklich zählt und von Dauer ist: *Die Freude an meinem Gott ist meine Stärke.*

- Meine Stärke wird nicht die neue Samsung Hall sein.
- Meine Freude wird nicht die Samsung Hall sein.
- Es ist ja doch nur eine größere Fläche zum Putzen.
- Meine Freude ist nicht einmal das ICF.
- Die Bibel sagt: «Die Freude am Herrn ist meine Stärke» (Nehemia 8,10).
- Das ist meine ganze Freude.

Ich breche nicht in Freudentränen aus, wenn ich auf der Bühne stehen darf und alles in der Kirche perfekt läuft. Denn das wäre dann vielleicht *ein* Tag im Jahr. In einem *guten* Jahr notabene.

Die Umstände in unserem Leben sind meistens nicht perfekt: Wenn die Kinder noch klein sind, sind sie schnuckelig. Dann fangen sie an zu zahnen. Sie heulen die ganze Nacht, und dann sind die Zähne irgendwann da. Gott könnte diese Zähne ja auch über Nacht wachsen lassen. Wenn er sich an einem Tag den Elefanten ausgedacht und erschaffen hat, kann er doch – meine Kresse! – auch so einen bescheidenen Zahn in ein paar Stunden rausploppen lassen. Aber nein, er möchte uns zeigen, wie ein Zahn wächst. Ich kann mir nichts Spannenderes und Beglückenderes vorstellen ...

Es gibt tausende Momente in unserem Leben, in der Kirche, in der Familie, unter Freunden, da läuft es so rund wie ein Quadrat. Also gar nicht. Und trotzdem, das Geheimnis liegt genau dann in der einfachen und doch so herausfordernden Tatsache, dass die Freude an meinem Gott meine ganze Stärke ist, unabhängig von meinen Umständen. Das ist die Botschaft, die Gott mir durch das Buch Habakuk heute, hier und jetzt zuflüstert.

Wenn Gott etwas in mein Leben spricht, was ich nicht hören will, ich aber weiß, dass es stimmt, sage ich Gott: «Klar, ich mache es.» Und auch wenn ich dadurch in schwierige Wasser gerate, berufe ich mich immer und immer wieder auf meine Stärke. Und diese Stärke liegt einzig und allein in der Tatsache, dass ich mich darüber freuen kann, dass Gott da ist. Seine alles verändernde Gegenwart ist das Allergrößte!

Ich schreibe

In Habakuk 2,2 heißt es: «Was ich dir in dieser Vision sage, schreibe in deutlicher Schrift auf Tafeln nieder!» (Hfa)

Warum in deutlicher Schrift? – Der Teufel ist ein Meister, um die Gedanken und Visionen Gottes aus deinem Herzen zu klauen. Er kommt, um zu stehlen, zu töten und zu vernichten. Wenn du auf dem Sessel etwas von Gott hörst und es nicht aufschreibst, ist die Chance unglaublich groß, dass du nach einer Woche schon alles wieder vergessen hast und in die tiefsten Tiefen der menschlichen Abgründe abtauchst.

Schreibe auf, was Gott dir gesagt hat. Mach das zu deiner Gewohnheit und Shakespeare zu deinem Patenonkel. Gottes Verzögerung ist nicht Gottes Ablehnung in deinem Leben. Es hat gar nichts damit zu tun. Gott hat seinen Plan mit deinem Leben.

Jahrelang stand auf meinem Nachttisch ein eingerahmter 50-Euro-Schein. Jeden Tag, wenn ich dort eine frische Unterhose und Socken herausklaubte, sah ich diese Verheißung Gottes klar und deutlich vor mir.

Vor einiger Zeit hatte ich in Deutschland gepredigt und erzählt, dass wir Land kaufen und ein Gebäude bauen möchten. Zu dieser Zeit hatten wir weder das Land noch das Gebäude.

Eine Frau hat mich gefragt: «Bruder, wie viel kostet denn dein Gebäude?»

«Ja, etwa fünfzig Millionen.»

Huch! Wenn du fünfzig Millionen sagst, werden die meisten Leute ziemlich still. Mammon ist ganz schön furchteinflößend.

Die Dame von Welt mit dem Herzen im Himmel fuhr fort: «Bruder, wenn niemand an dich glaubt, wenn ICF Zürich nicht an dieses Gebäude glaubt, hier sind fünfzig Euro. Ich bin die erste Spenderin für dein Gebäude. Wenn niemand daran glaubt, sagst du, ich hätte dir schon fünfzig Euro dafür gegeben.»

Bevor ich irgendjemanden um Geld gebeten hatte, hatte ich schon fünfzig Euro. Diese fünfzig Euro grinsten mich jeden Tag freundlich an. In Momenten größten Zweifels. Wenn ich mich fragte, ob wir denn überhaupt so teuer bauen müssen usw. Immer und immer wieder sah ich diesen Geldschein einer Frau, die noch nie einen Fuß in unsere Kirche gesetzt hatte.

Das war für mich ein klares Zeichen, dass das Geld zusammenkommen würde. Wo Gott eine Verheißung gibt, wird Gott auch dafür bezahlen. Auch wenn es manchmal alles andere als verheißungsvoll ausschaut. Ich habe mir lange gewünscht und erhofft, dass irgendjemand kommt und für diese wunderbare Sache des Herrn mal eine Million lockermacht.

Doch Gott hatte einen anderen Plan. Tausende von Frauen und Männern standen zusammen und haben einen Franken nach dem anderen zusammengetragen. Unser Zuhause wurde nicht von wenigen Personen bezahlt, sondern von uns allen. Was für ein Kompliment an unsere wundervolle Kirche! Das war Gottes wunderbarer Plan und seine Versorgung. Und in diesem 50-Euro-Schein lag der Plan Gottes wunderschön und einmalig vorgezeichnet.

Im ICF Zürich haben wir ein fleißiges und leidenschaftliches Gebetsteam. Eineinhalb Jahre, bevor wir in die Samsung Hall gezogen sind, erhielt ich von ihnen einen prophetischen Bibelvers. Er steht in Amos 9,15: «Ich werde sie fest einpflanzen in dem Land, das ich ihnen geschenkt habe», spricht der Herr, euer Gott, «dann werden sie nie mehr ausgerissen werden.» (NLB)

Potzblitz! Die Wortkombination «nie mehr» ist eine, die ich bis dato gar nicht kannte. Zum Glück gibt es den DUDEN. Er half mir auf die Sprünge. Als ICF-Kirche waren wir zwanzig Jahre überall und nirgends zu Hause. Wir feierten Celebrations in Badminton-Hallen, Kinos, Fondue-Stuben, Garderoben und 7000 anderen Locations, wo wir immer wieder herausgerissen wurden.

Dieser Bibelvers traf mich umso stärker mitten ins Herz. Wenn du wieder mal in die Badminton-Halle ausweichen musst und aufgrund des Platzmangels in der Halle die Kids im Winter in einem nur schlecht beheizten Bus ihre Celebration erdulden müssen, und es kommt nur ein Drittel der Kinder, weil die Familien das ihren Sprösslingen verständlicherweise nicht zumuten wollen, dann hast du definitiv ein paar Fragen an Gott: «Gott, wieso machst du das?»

So verstehst du jetzt sicher besser, weshalb ich mir den Vers aus Amos in den Bildschirmschoner meines Computers geladen habe. Wäre ich nicht so schmerzempfindlich, hätte ich ihn mir wohl auch noch auf meinen Oberarm tätowieren lassen. Ich brauchte diesen Vers, schwarz auf weiß, auf der Mattscheibe, jeden Tag. Denn der Teufel ließ nichts unversucht, wenn ich mal wieder unten im Loch war und ich mich fragte, ob dieses Herumziehen jemals aufhören würde. Der Teufel will nur eines: dir deinen Glauben stehlen. Deshalb gilt es, mit eiserner Disziplin aufzuschreiben. Dein Geist und deine Seele müssen sehen und lesen, was Gott tun wird. Wer schreibt, der bleibt.

GOTTES VERZÖGERUNG IST NICHT GOTTES ABLEHNUNG

Dann sagt Gott zu Habakuk als Allerletztes in Kapitel 2, Vers 3: «Denn was ich dir jetzt offenbare, wird nicht sofort eintreffen, sondern zur festgesetzten Zeit. Aber es wird sich ganz bestimmt erfüllen, darauf kannst du dich verlassen. Warte geduldig, selbst wenn es noch eine Weile dauert!» (Hfa).

Gottes Verzögerung ist nicht Gottes Ablehnung in deinem Leben. Vielmehr nutzt er die Zeit, um an dir zu arbeiten. Wie Michelangelo aus einem Marmorblock die David-Statue herausgemeißelt hat, so schlägt er Dinge weg, welche nicht zu dir gehören.

Dabei bedeutet «festgesetzte Zeit» zwei Sachen: Der Teufel kann es nicht bremsen. Er kann es nicht stoppen. Aber du kannst es auch nicht pushen. Wenn Gott den Tag gesetzt hat, dann wird sich das wunderbar erfüllen.

Und wenn du unten in der Warteschleife bist, bist du nicht alleine. Die Bibel ist voller Frauen und Männer in der Warteschleife.

Joseph saß 13 Jahre im Gefängnis. 13 Jahre unschuldig im Gefängnis, verrückt!

Abraham wartete 25 Jahre auf den verheißenen Isaak. Und das in einem Alter, wo du Krampfadern und keine Kinder mehr kriegst.

Mose war 40 Jahre in der Wüste, bevor er sein Volk befreien durfte.

Sogar Jesus wartete etwa 30 Jahre, bis er loslegen durfte.

Damit will ich nicht sagen, dass es bei dir 60 Jahre dauert. Aber ich will damit sagen, dass du nicht die einzige Person in dieser manchmal extrem ungemütlichen Warteschleife bist. Schau dich um, da sitzen ganz viele Glaubenshelden mit dir, und das Beste: Jesus ist einer davon.

Hebräer 11,1–3: «Der Glaube ist der tragende Grund für das, was man hofft: Im Vertrauen zeigt sich jetzt schon, was man noch nicht sieht. Unsere Vorfahren lebten diesen Glauben. Deshalb hat Gott sie als Vorbilder für uns hingestellt. Durch unseren Glauben verstehen wir, dass die ganze Welt durch Gottes Wort geschaffen wurde, dass alles Sichtbare aus Unsichtbarem entstanden ist.» (Hfa)

Ein Glaube, der getestet wurde, ist ein Glaube, dem man vertrauen kann.

Der Glaube ist dein Fundament

Was gilt es im Besonderen zu beachten, wenn du in der Warteschleife bist?

Habakuk 2,4: «Siehe, wer halsstarrig wird, wird keine Ruhe in seinem Herzen haben, der Gerechte aber wird durch seinen Glauben leben» (LB). Hier steht das Wort «Glauben».

Und in 2. Korinther 5,7 steht: «Denn wir leben im Glauben und nicht im Schauen.» (NLB)

Warum ist der Glaube spielentscheidend? Der Glaube bringt dich an den Ort, wo du hingehörst. Durch den Glauben ist alles entstanden. Noah baute die Arche im Glauben. Er baute die Arche nicht erst, als alle Tiere schön in Reih und Glied vor ihm standen und ihn sabbernd anhechelten, ihnen ein neues Zuhause zu bauen. Er baute den Monsterkasten auf dem Trockenen, als alle Tiere frisch-fröhlich im Wald und auf den Wiesen herumtollten und keinen Gedanken an Noah, geschweige denn an die Arche verschwendeten. Welches Tier geht schon freiwillig auf ein Schiff außer der Möwe Jonathan!?!

Noah baute zuerst im Glauben die Arche, und dann kamen die Tiere.

Abraham verließ im Glauben das Land, und dann begann Gott, Wunder zu wirken.

Das Volk Gottes steht vor dem Roten Meer mit Glauben. Dann staut Gott das Meer und trennt den jagenden Haifisch von Nemo, der die Gunst der Stunde ausnutzt und dem Hai mal schnell die Zunge rausstreckt.

Gottes Volk läuft im Glauben um die Stadtmauer von Jericho herum, und dann rumst das Ding zusammen. Kawoumm!

Der Glaube ist dein Fundament.

Zum Glauben gibt es später einen kleinen Zusatz. In Habakuk 2,20 steht: «Aber der Herr ist in seinem heiligen Tempel – sei still vor ihm, du ganze Erde.» (SB)

Da ist das Wort «aber». Der Teufel redet dir ein, dass du nie mehr gesund wirst, dass du nie mehr aus den Schulden rauskommst etc.

Was auch immer dein «Nie» ist, sage deinem Kopf: «ABER!»

«Aber» heißt: «Ich bin im Loch, aber Gott ist mein Heiler und Freund.»

«Aber Gott ist meine Zukunft.»

Widerstehe deinen Zweifeln. Sage:

«Aber! Aber Gott ist der, der mich in meinem Leben segnen wird.»

Das Aber ist ein Statement.

Das Aber füllst du mit deinen eigenen lebensspendenden Wörtern. Wenn du momentan im Tal der Tränen bist, fülle dein Aber mit deinen eigenen Worten, wer Gott für dich ist:

- Gott ist mein bester Freund.
- Gott ist mein Fels.
- Gott ist mein Heiler.
- Gott ist meine Zuflucht.
- Gott ist meine Gerechtigkeit.
- Gott ist meine Zukunft.

Fülle das Aber mit deinen Worten.
- Das ist Worship.
- Das gibt Kraft.
- Das ist das Fundament.

Geschluckt und gespuckt

Was machst du, wenn du in der Warteschleife hängst? Warten bedeutet nicht, passiv zu sein. Als ich zehn Jahre auf das neue Gebäude gewartet habe, da habe ich nicht gesagt: Ich esse kurz noch was, verkriech mich dann zum Winterschlaf und komme einfach wieder, wenn die Halle steht.

Weißt du, was wir gemacht haben? Das, was wir immer machen. Wir haben am Sonntag alles für die Celebrations aufgebaut, und spät am Sonntagabend haben wir wieder alles im Keller verstaut. Tonnen von Material. Wir haben immer gesagt: Alles ist möglich.

Kino? – Haben wir geschluckt. Weil die Location eigentlich zu klein war, haben wir gleich fünf Celebrations durchgeführt.

Badminton-Halle? – Haben wir geschluckt.

Jede Herausforderung haben wir geschluckt.

In die Hände gespuckt und los von Rom. Wir haben uns nie abhalten lassen. Kein einziges Mal.

Am Ende, wenn du im tiefsten Loch bist, musst du immer wissen: Du bist ein Diener, eine Dienerin.

Als ich letztens mal aufgestanden bin, standen ein Schlitten, Handschuhe, Kappen und sonst noch zig Wintersachen im Flur.

Ich fragte Susanna: «Leitest du eine Nordpol-Expedition?»

Sie erwiderte: «Dein Sohn geht mit der Jugendarbeit schlitteln, und er nimmt vorsorglich noch mehr Schlitten mit, falls jemand keinen hat.»

«Aha.»

Mein Sohn hatte die Sachen extra so hingestellt, dass ich nur dann aus dem Haus kam, wenn ich die Sachen gleich zum Auto mitnehmen würde.

Seit wann ich der Esel bin? Ich bin und bleibe für immer Mister Donkey. Ich könnte sagen: «Ich habe keine Zeit für solche Späße, ich predige den ganzen Tag rauf und runter in drei verschiedenen Sprachen!»

Mein Sohn würde sagen: «Wen interessiert das? Mich interessieren die Jugendarbeit, meine Freunde, die superheißen Schlitten, die Schuhe und meine Mütze!»

Egal, was du tust, das Dienen hört niemals auf. Ich habe einen Schlitten mit Leidenschaft gepackt, zum Auto getragen und gedacht:

Ich bin und bleibe ein Esel, ein sehr toller Esel. Ein Esel, auf dem Jesus vielleicht heute sogar in unsere Halle reitet.

Du bist nicht passiv, sondern im Dienen aktiv. Macht Gott Türen auf, ändert sich nichts an deinem aktiven Stil, mit dem du Gott dienst. Denn wenn du wieder ganz oben bist, dienst du wieder. Das Dienen hört nicht mehr auf. Darum: Sei aktiv, wenn du Fragen an Gott hast.

Habakuk war still vor Gott und hat auf ihn gehört. Leg dein Buch zur Seite, und lass es still werden. Ganz still.

schrei-ben

mit Gott

KAPITEL 3

Florence Chadwick wollte im Jahr 1952 die 32 Kilometer von Catalina Island nach Kalifornien schwimmen. Sie war eine geübte Schwimmerin im offenen Meer. Links und rechts von ihr fuhren Betreuer auf Booten mit und hauten hungrigen Haien auf die Schnauze.

Florence, die Meerjungfrau, war schon seit geschlagenen fünfzehn Stunden unterwegs, als plötzlich dichter Nebel aufkam, der ihr jegliche Sicht nahm. Sie wurde langsam richtig müde und sagte zu ihrer Mutter, die in einem der Boote mitfuhr, dass sie es nicht mehr schaffe. Aber Florence kämpfte sich noch eine weitere Stunde durch die höher werdenden Wellen. Dann aber war Ende Gelände. Sie schmiss den Bettel hin und gab auf.

Die Begleiter zogen die erschöpfte Florence ins Boot. Wenig später – noch auf dem Boot – musste sie feststellen, dass sie nur noch 800 Meter vom kalifornischen Festland entfernt gewesen war. Au Fischbacke!

Zwei Monate später schwamm sie die gleiche Strecke noch einmal. Genau an derselben Stelle bildete sich wieder dieser undurchdringliche, dicke kalifornische Miesmacher-Nebel. Dieses Mal ließ sie sich davon nicht madig machen, ließ ihre Muskeln spielen und schaffte es!

Als man Florence nach dem Unterschied fragte, sagte sie: «Ich habe mir während des Schwimmens das kalifornische Festland vor Augen gemalt. Das Ziel war für mich immer klar ersichtlich.»

Eine eindrückliche Geschichte.

Gott weint über jeden Traum, der in einer Schublade verkümmert, und er feiert ein Fest für jeden verwirklichten Traum, der diese Welt auf den Kopf stellt. Denn das tun Träume: Sie verändern die Welt. Mal im kleinen, mal im ganz großen Stil.

Wer ein Ziel hat, der findet auch einen Weg. Ob dein Traum wirklich Leben verändert, hängt davon ab, ob du dich schnell entmutigen lässt und einen auf hängende Schultern machst oder ob du den Mut hast, deinen Traum gegen alle Bedenken und Hindernisse Wirklichkeit werden zu lassen.

Das, was du vor deinem inneren Auge siehst, zu dem wirst du werden. Das musste unser Protagonist Habakuk auch lernen. Gerade in den trist-trüben Tal-Phasen des Lebens heißt es, das innere Auge mit einem guten Ziel zu füttern. So, dass du den Aufstieg aus dem Tal meistern kannst.

Aber noch vor Habakuk waren Sara und Abraham mit dem Inneren-Auge-Training dran.

Gott sagt zu den beiden Kinderlosen und Betagten, Abraham und Sara: «Ihr werdet ein Kind bekommen.» Und weil Gott das sagt, schauen die beiden, dass sie auch ihren Teil dazu beitragen, damit diese Verheißung in Erfüllung gehen kann. So ziehen sie sich ins Zelt zurück und geben sich munter den Freuden des ehelichen Lebens hin. So gut das ihre müden Knochen noch zulassen. Aber so oft sie sich auch im Zelt verkriechen, Sara wird nicht schwanger.

Und so zieht sich Abraham je länger, je mehr alleine ins Zelt zurück und macht sich so seine Gedanken: «Was, wenn es einfach nicht klappt? Ist ja auch eine superverrückte Idee von Gott ... Sara schwanger in diesem Alter ... Wir haben Gott wohl falsch verstanden ... Wieso sollte Gott ausgerechnet uns mit so einem Wunder beschenken?» Und je mehr Abraham grübelt, desto tiefer sinkt er in sein tiefes, trauriges Loch.

Die Fragen stellen sich unweigerlich: Wie kommst du aus diesem Loch wieder raus? Was machst du, wenn dir die Zeltdecke förmlich auf den Kopf fällt und die Möglichkeiten auf Null stehen?

Abraham hilft in dieser Tristesse ein Perspektivenwechsel. In 1. Mose 15,5 steht: «Gott führte Abram aus dem Zelt nach draußen und sagte zu ihm: ‹Schau dir den Himmel an, und versuche, die Sterne zu zählen! Genauso werden deine Nachkommen sein – unzählbar.›» (Hfa)

Abraham musste aktiv werden. Den Kopf durchlüften. Das müffelnde Zelt verlassen und eine hübsche Prise frische Wüstenluft schnappen. Er musste sich in Bewegung setzen, um eine neue Sicht zu gewinnen.

Komm aus dem Zelt

Es ist nicht so einfach, aus dem Zelt rauszukriechen. Dazu musst du deinem eingerosteten Hintern in den Hintern treten und aktiv werden. Aktiv aus dem Zelt zu krabbeln, ist gleichbedeutend mit aktiv aus der Glaubenskrise herauszukommen.

Als Abraham endlich vor dem Zelt steht, gibt Gott ihm eine Anweisung: «Mach mal die Gucker auf und stell deine Linsen scharf. Es lohnt sich! Hier draußen gibt es im Gegensatz zu deiner Höhle zur Abwechslung mal was aufs Auge!» Als Abraham den Sternenhimmel betrachtet, sieht er über 6000 Sterne. Theoretisch. So viele Sterne konnte er zu dieser Zeit im Osten mit bloßem Auge sehen.

Gott führte Abraham weg vom Zeltdach, das Abraham die Sicht nahm, hin zu dem, was Gott machen kann. – Stattdessen schenkte ihm sein bester Freund ein Bild, eine Vision: «Alter, Abraham, was du da am Himmel siehst, ist das, was du werden wirst.»

Was siehst du in deinem Leben?

Was siehst du in deiner Glaubenskrise?

Das, was du mit und vor deinem inneren Auge siehst, ist das, was du werden wirst.

Im Buch Habakuk gibt uns Gott zu dieser Thematik einen superfrischen superheißen Tipp. Habakuk 2,1–2: «Jetzt will ich meinen Platz auf dem Turm an der Stadtmauer einnehmen. Dort halte ich wie ein Wachposten Ausschau und warte gespannt darauf, was der Herr mir auf meine Klage antworten wird. Der Herr sprach zu mir: ‹Was ich dir in dieser Vision sage, das schreibe in deutlicher Schrift auf Tafeln nieder! Jeder, der vorübergeht, soll es lesen können.›» (Hfa)

Mit anderen Worten: Schreibe die Vision auf Tafeln auf, damit du es in deinem Leben sehen kannst!

Gott ist ein Gott der Zeichen und Wunder. In jeder fürchterlichen Krise kommt er und schenkt durch einen Perspektivenwechsel eine Vision. Diese Vision, dieses Bild gilt es, immer vor dem inneren Auge zu behalten, damit es mich ans Ziel bringt.

WER SCHREIBT, DER BLEIBT

Schreibe auf, was Gott dir sagt. Es hilft dir, dich daran zu erinnern

Als die Israeliten dem Pharao beim Auszug aus Ägypten Tschüss, Goodbye, Ade gewunken haben, als sie unter den Blicken von Tintenfisch, T-Bone und Co. durchs geteilte Meer gelustwandelt sind, als sie später unter der Wüstensonne ihre Biathlon-Zusatzschlaufen absolviert haben und sie schließlich das Land von Milch, Honig, Wein, Weib und Gesang eroberten, da erlebten sie immer und immer wieder die unglaublichsten Wunder ihres Vaters im Himmel.

Das Spezielle daran ist, dass Gott diese Wunder nicht einfach nahtlos aneinanderreihte, nope: Gott höchstpersönlich machte aus jedem Wunder ein Fest. Ein Fest, das notabene jedes Jahr wiederholt wurde und den Zweck hatte, dass niemals eines dieser Wunder in Vergessenheit geraten konnte. Clever!

Mit dem Passahfest wurde jedes Jahr der triumphale Auszug aus Ägypten gefeiert. Dieses Wunder versandete nicht nach ein paar Jahren irgendwo auf einem Kamelfriedhof. Dank dem Passahfest wurden jedes Jahr pünktlich im Frühling die Hirnzellen auf «Auszug aus Ägypten»-Vordermann gebracht.

Oder das Fest der Erstlingsfrüchte zur Erinnerung daran, dass Gott schon im ersten Jahr im verheißenen Land eine Monster-Ernte schenkte. Jedes Jahr erinnerte sie das Fest an diesen großen Moment, und jedes Jahr brachten die Israeliten ihre ersten Früchte den Leviten, die erst am heiligen Zelt und später im Tempel für Gott arbeiteten. Nie sollten sie vergessen, wer alles wachsen lässt und der wahre König der Wassermelonen und der Zuckerrüben ist: ihr Vater im Himmel!

Und so gab und gibt es viele weitere Feste im jüdischen Kalender, die alle auf die Größe und Macht Gottes hinweisen. Jom Kippur, Sukkot und wie sie alle heißen. Jedes einzelne Fest hat seinen Ursprung in einem Wunder, das Gott gewirkt hat.

Als Jesus auf unsere Erde kam, gab er diesen Festen nochmals eine tiefere Bedeutung. Dank dieser Feste sprechen wir heute, zweitausend Jahre später, immer noch von diesem einzigartigen, wunderbaren Gott und seinen Wundern. Ich liebe das!

Turnschuhe machen Träume wahr

Vor einiger Zeit traf ich an einem Sonntag im Foyer Isabelle.

Sie zeigte mir einen Schlüsselanhänger in Form eines Turnschuhs und sagte: «Vielleicht erinnerst du dich noch daran. Vor Jahren hast du mir diesen Schlüsselanhänger geschenkt und hast dazugeschrieben: ‹Einfach so.› Unterdessen, 2008, habe ich geheiratet. Der Schlüsselanhänger hatte für mich immer eine besondere Bedeutung. 2008 begannen wir uns Kinder zu wünschen. Ich spürte, dass das auch Gottes Wunsch war. Den Anhänger hielt ich jeden Tag in der Hand, und er füllte sich mit einem neuen Bild.

Der Turnschuh ist wie der Fuß eines Babys, das wir eines Tages in unseren Händen halten würden. Und heute, im Januar 2017, kann ich dir sagen, dass ich schwanger bin.» Isabelle hatte dabei Pipi in den Augen. Ich konnte es mir gerade so verkneifen. Einer von uns musste ja stark sein.

Oh Mann, ich liebe solche Geschichten, ich liebe unseren Gott im Himmel! Den Schlüsselanhänger trug sie über all die Jahre mit sich, er war gefüllt mit dem Gedanken, dass Gott im Himmel sie sieht, gefüllt mit der Vision des Babys. Sie ließ ihn nie aus den Augen, und es hat sich erfüllt, worauf sie gehofft hatte.

Welchen wertvollen Traum hegst du? War er dir bislang überhaupt bewusst?

Vor kurzem schrieb mir Sandra, eine andere Frau aus unserer Kirche, eine WhatsApp-Nachricht: «Schau mal, was ich beim Aufräumen gefunden habe. Eine Wunschliste vom 25. März 1998.» Darunter waren folgende drei Wünsche aufgelistet:

- Dass ICF größere Räume bekommt.
- Dass Leo und Susanna ihr Wunschkind bekommen. (Damals war Susanna noch nicht schwanger. Unser erster Sohn ist am 13. März 1999 auf die Welt gekommen.)
- Dass ICF in der ganzen Welt via TV übertragen wird.

Verrückt! Siebzehn Jahre später sind alle diese Wünsche erfüllt, und wir können nur darüber staunen, wie Gott so viele große und kleine Wunder bewirkt. Und wieso wissen wir das? Weil sie es aufgeschrieben und sich daran erinnert hat. Und weil sie die Liste wiedergefunden hat. Es ist nicht einfach selbstverständlich, dass wir da sind, wo wir jetzt sind. Da hat eine Frau um Wunder gebetet, hat diese Gebete aufgeschrieben. Und Gott hat sie erhört.

Wow! Was für eine Motivationsspritze direkt in die Blutversorgung des Gebetslebens! Hätte Sandra das nicht aufgeschrieben, könnte ich es euch heute nicht erzählen.

Fange doch auch an, ein Gebetstagebuch zu führen und solche Sachen aufzuschreiben.

Susanna ist mir darin auch immer wieder ein großes Vorbild, und vielleicht ist ihre Variante von Gebetstagebuch eine Inspiration für dich.

Ihr Gebetstagebuch ist eine Kiste. Darin stecken ihre Lieblinge. Also ihre Jungs und ich. – Nein, natürlich nicht. Ihre Bibelverse. Mit vielen dieser Verse sind ihre ganz persönlichen Erlebnisse mit ihrem Gott im Himmel verknüpft. Das ist ihr Gebetstagebuch. Wenn sie diese Bibelverse hervornimmt und liest, kommen ihr diese Geschichten und Erlebnisse wieder in den Sinn. Diese Ermutigungen sind für meine Frau das Elixier in unserem oft sehr hektischen und anspruchsvollen Pastorenleben.

Letztes Jahr mitten in den Herbstferien gab es eine Zeit, wo sie sich in einem Loch – oder Zelt – befunden hat. Wir reisten viel herum, predigten auswärts, unsere Frauenkonferenz, die «Ladies Lounge», stand vor der Tür, das Ferienprogramm mit den Jungs nahm uns gleichzeitig in Anspruch, und plötzlich hatte Susanna einfach keinen Durchblick mehr.

Deshalb stand sie vor uns auf, um ungestört zu beten, sich auf den Boden zu legen und loszuheulen. Das machte sie dann auch so. In dieser Reihenfolge. Da kennt sie nichts. Ein Plan ist ein Plan.

Wie sie mir später erzählte, sprach Jesus plötzlich zu ihr: «So, jetzt stehst du auf und kämpfst!» So etwas hatte sie überhaupt nicht erwartet. Aufstehen, kämpfen.

«Ja, Jesus, wie soll ich denn kämpfen?»

«Du nimmst jetzt deine Bibelverse und Verheißungen und sagst sie dir auf!»

Ein Mann, ein Wort. Eine Frau, eine Tat.

Susanna stand tapfer auf und begann, alle Verse, die sie auswendig konnte, aufzusagen. «Der Herr ist mein Hirte, mir wird nichts fehlen. Ich habe alles, was ich brauche. Und wenn ich durch reißende Ströme gehe, dann werde ich nicht umkommen, und du hilfst mir, und du bist mein Gott, und du machst mich stark. Ich muss keine Angst haben. Alle meine Sorgen kann ich auf dich werfen. Du sorgst für mich.»

Sie spürte förmlich, wie die Kraft von Jesus sie durchströmte und es überhaupt keinen Grund mehr zum Weinen gab. Die Tränen hatten sich vom Acker gemacht. Susanna hatte ihre früheren Erlebnisse mit diesen Bibelversen vor Augen gehabt, und sie haben sie aus dem «miefigen Zelt» rauskatapultiert. Sie stand auf, und der Glaube wuchs in ihr.

Bibelverse haben Superkräfte. Da ich das von meinem Hirn nicht behaupten kann, kann ich mir die Dinger aber nicht alle merken. Deshalb habe ich das Buch der Bücher immer in gebundener Form und als App dabei.

Susanna hat ihren ganz eigenen Trick mit Bibelversen: Sie sammelt sie aufgeschrieben in Kisten, als Lesezeichen in Büchern, oder sie hängen wie der folgende im Badezimmer neben dem Spiegel:

Esther 2,9: «Sie gefiel Hegai ganz besonders und gewann seine Gunst. Er versorgte sie mit den besten Schönheitsmitteln und mit den gesündesten Speisen. Dann gab er ihr sieben ausgewählte Dienerinnen aus dem Königspalast und wies ihr die schönsten Räume des Harems zu.» (Hfa)

Diesen Vers hat sie 2015 in einem Adventskalender bekommen. Aus den 24 Versen ist ihr dieser eine ins Auge gesprungen und über den Sehnerv ins Herz geklettert. Deshalb hat sie sich das Teil in die heimische Toilettenanlage gehängt.

Oft entfalten Verse bei Susanna erst nach und nach ihre volle Wirkung. Dann aber – hallo wach! – sprechen sie ganz direkt und deutlich zu ihr. Dazu muss sie die Verse aber zuerst aufschreiben. Und immer wieder stellt sich ihr dieselbe Frage: Glaube ich, was Gott mir da schriftlich an die Badezimmerwand geschrieben hat?

Täglich hatte sie diesen Vers nun vor Augen, und je öfter sie ihn las, desto mehr verstand sie ihn und desto mehr glaubte sie das, was dort stand. Und sie nahm das Geschreibsel äußerst persönlich. Nämlich, dass auch sie in der Gunst steht, dass sie versorgt wird usw. Und nach und nach haben sich die einzelnen Teile des Verses für sie erfüllt:

«Beste Schönheitsmittel»:

Wie aus dem Nichts kam ein Kleidersponsor auf sie zuspaziert und bot ihr an, sie und mich nett-adrett einzukleiden. Wie geil ist das denn!?! Uns fällt es oft schwer, für die Bühne oder für TV-Aufnahmen immer etwas Schönes oder Passendes zu finden und auszusuchen. Und nun: Gott hat ihr Gunst erwiesen und mich gleich auch noch auf die Liste gesetzt. Ich sage: «Dankescheen, der Sonntag kann weitergehn!»

«Gesündeste Speisen»:

Meine Frau begann im Januar 2015 mit «Danielfasten».

Das Danielfasten orientiert sich an der Geschichte von Daniel aus der Bibel, in der er und seine Kumpels sich weigerten, sich Fleisch reinzupfeifen, das für die Götter geopfert worden war. Sie wollten nur noch Grünfutter runterschlucken. Und Gott hatte es geschenkt, dass sie durch das Veganfutter fitter, gesünder und knackiger aussahen als alle ihre Kollegen dort in der Gefangenschaft. Und wenn du ganz genau hingeschaut hast, hast du Krautstiele aus ihren Ohren wachsen sehen. Die gleichen Symptome (bis auf die Krautstiele) zeigte auch Susanna.

Im Jahr 2016 wiederholte sie die Monster-Grünzufuhr-Aktion und steckte mich damit an. Seither haben wir viel mehr Lust auf Gemüse und Früchte als vorher, und unsere «Nachbauern» fahren den neuesten John-Deer-Traktor. Dank praktischen Kochbüchern gab und gibt es bei Biggers seither die kreativsten Gemüse-Speisen westlich des Jordans.

«Ausgewählte Dienerinnen aus dem Königspalast»:

Wir haben unser Haus auf Airbnb ausgeschrieben. Denn oft sind wir beide auf Reisen, auf Tagungen oder Kongressen. So machte es für uns Sinn, unser Haus anderen zur Verfügung zu stellen: Freunden, anderen Pastoren oder Fremden – über die oben erwähnte Plattform.

Und wenn wir unterwegs sind, können wir das Haus nicht auf Vordermann bringen, wie das nötig wäre, um die Mieter standesgemäß zu beherbergen. So war Susanna auf der Suche nach einer Reinigungskraft, damit die Übergänge von einer Vermietung zur nächsten während unserer Abwesenheit reibungslos über die Bühne gehen würde. Irgendwann fiel ihr jemand aus unserer Kirche ein, die sie fragen und für ihren Job entlohnen könnte.

Besagte Frau teilte ihr mit, sie habe seit zwei Jahren den Eindruck, sie sollte bei uns putzen, habe sich aber nie getraut, das anzusprechen!

Gott denkt, lenkt und versenkt. Unschlagbar!

«... und wies ihr die schönsten Räume im Harem zu»:

Unsere Jungs werden größer und erwachsener. Sie werden sich über kurz oder lang vom Acker machen und auf ihren eigenen manchmal käsigen Füßen stehen. So macht das Reihenhaus, in dem wir leben, mittelfristig keinen Sinn mehr. Aber niemand von uns hätte zum Zeitpunkt, wo Susanna den besagten Vers aufhängte, gedacht, dass wir in Kürze in eine Neubauwohnung umziehen würden, die Gott uns einfach so zeigen würde.

Gefallen hat sie uns sofort. Doch wir dachten, dat Dingens können wir eh nicht finanzieren. Also knicken!

Doch der nette Herr von der Bank meinte, wir könnten das Schmuckstück mit dem Reihenhaus finanzieren. Und tatsächlich, er sollte recht behalten. Umzugskisten, nehmt euch in Acht, bald geht es euch an den Kragen!

Ich hoffe, dass dich Susannas Bibelvers-Abenteuer inspiriert. Nimm einen Kuli, schreibe auf, um dich zu erinnern, dass es einen Gott gibt, der Wunder tut. Sammle Verse. Was auch immer. Überwinde deine Buchstabenphobie. Und beschwere dich danach nicht bei mir, wenn dein Glaube wächst!

Die Statistik sagt: Wenn du etwas mit deinen Ohren hörst, weißt du morgen noch zwanzig Prozent davon.

Schlechte Nachrichten für alle Radiofreaks. Schlechte Nachrichten für alle Gottesdienstbesucher, die nicht mit einem Notizblock und einem Stift bewaffnet sind. Wenn du im Gottesdienst sitzt und dir nichts aufschreibst, weißt du morgen achtzig Prozent davon nicht mehr, da kann sich dein Pastor noch so ins Zeug legen und Gas geben. Achtzig Prozent waren für die Katz. Achtzig Prozent kannst du in die Tonne treten. Achtzig Prozent!

Ich als Pastor werde da gleich tief depressiv. Nur zwanzig Prozent bleiben dir noch. Wenn überhaupt. Wenn du dir nicht aufschreibst, was dich berührt, ist es morgen vergessen.

Was du hörst UND siehst, hat bessere Chancen, nicht gleich wieder in Vergessenheit zu geraten. Deshalb benutze ich zum Predigen möglichst viele Multimedia-Bilder auf der Leinwand und Gegenstände auf der Bühne. So bleiben den Celebration-Besuchern dreißig bis maximal vierzig Prozent im Hirn hängen.

Achtzig Prozent von dem, was du hörst und siehst, bleiben, wenn du es niederschreibst. Wenn Gott dir zum Beispiel ein Bild fein säuberlich ins Haus deines Herzens liefert, und du schreibst diese Kostbarkeit danach nicht auf, ist sie am Ende der Woche weg. Das Bild hat sich im Nirwana aufgelöst. Jammerschade! Der Teufel kommt und klaut den guten Samen Gottes. So dreist ist er.

Die gute Nachricht ist, dass du das selbst in der Hand hast.

Den Kugelschreiber, meine ich. Mach ihn zu einem deiner besten Freunde. Praktischerweise gehört er zu der kleinen Sorte, und du kannst ihn locker in die Hosentasche stecken.

Jim Carrey, heute ein gefeierter Schauspieler, suchte 1995 dringend einen Job. Niemand kannte sein Gesicht. Er hatte keinen Cent mehr in seiner Hosentasche. Ohne Perspektive fuhr er kreuz und quer durch LA in der Hoffnung, bei irgendeiner Filmproduktion unterzukommen. Tag für Tag, Woche für Woche.

In der größten Krise fand er einen Funken Glauben in sich. Im selben Jahr an Thanksgiving stellte er sich selbst einen Scheck über zehn Millionen Dollar aus. Er legte sich den Scheck ins Portemonnaie.

Jeden Tag, wenn er es öffnete, um festzustellen, dass immer noch kein Cent gewachsen war, betrachtete er den Scheck und sagte: «Eines Tages werde ich zehn Millionen verdienen.» Jeden Tag schaute er den Scheck an. Ein paar Jahre später schaffte er mit «Dumm und Dümmer» als Schauspieler seinen Durchbruch. Manche nennen den Streifen einen wirklich dummen Film. Jim war das wohl egal. Er kassierte für diesen Streifen zehn Millionen Dollar Gage.

Was siehst du? Was machst du in deinen tiefsten Glaubenskrisen, obwohl du eine Verheißung hast? Lass dich von Jim inspirieren. Wenn du ein Haus kaufen willst, kaufe dir schon mal einen Hausschlüssel. Brauchst du ein Auto, erstehe schon mal einen schönen fetten Sommerreifen. Wünschst du dir einen Mann, stell schon mal ein schönes Weizen kühl. Halte dich an irgendetwas fest, egal an was. Ein Bild, das du jeden Tag anschauen kannst.

Abraham hatte die Sterne vor Augen. Gott sagte ihm: «Ich habe 6000 Verheißungen für dich bereit. Für jedes einzelne Problem. Für jedes Gefühl. Mit deinem Leben komme ich zum Ziel, Junge. Du wirst schon sehen!»

SCHREIBE AUF, WAS GOTT DIR ZEIGT. ES HILFT DIR ZU GLAUBEN

In Habakuk 2,4 steht: «Der Gerechte aber wird durch seinen Glauben leben.» (LB)

Ganz unten ist der Glaube das Fundament.

Viktor Frankl, ein Mann aus Österreich, wurde in eine jüdische Beamtenfamilie hineingeboren. Im Zweiten Weltkrieg kam er ins KZ Dachau. Er sah, wie ein Mensch nach dem anderen starb.

In dieser lebensfeindlichen, düsteren Atmosphäre rang er sich zu einem unheimlichen Selbstgeständnis durch: «Ich habe ein Ja zu meinen Umständen. Ich habe Frieden und Freude in mir. Unabhängig davon, wo ich bin.»

Er setzte sich in seiner Zelle in Dachau hin und malte ein Bild vor sein inneres Auge. Auf diesem Bild sah er sich eines Tages in Wien einen Vortrag halten, in dem er den Menschen sagte: «Egal, wie deine Umstände sind, bejahe sie und das Leben.» In diesem Bild sah er, wie er von Stadt zu Stadt, von Land zu Land ging und darüber sprach, dass der Umstand nicht die Substanz der empfundenen Freude ist.

Viktor hat das KZ überlebt. Sein erster Vortrag, den er in Wien hielt, begann mit folgenden Worten: «Ich habe mich immer auf dieser Bühne gesehen.»

Das, was du siehst, wirst du werden.

Gott hat in jeden Einzelnen von uns eine Leidenschaft gelegt. Eine Leidenschaft ist etwas, worüber wir den ganzen Tag nachdenken. Es ist wie ein Herzschlag in uns, wie ein Motor, der uns und unsere Vision antreibt. Wenn du eine Arbeit ausführst – egal welche – und diese leidenschaftlich tust, dann sind die Resultate immer gewaltig.

Im Hebräerbrief 11,1 lesen wir: «Was ist nun also der Glaube? Er ist das Vertrauen darauf, dass das, was wir hoffen, sich erfüllen wird, und die Überzeugung, dass das, was man nicht sieht, existiert.» (NLB)

Der Glaube ist dieses Bild, auf dem du definierst, wo du hingehst. Und ohne diese Bilder bleiben wir im besten Fall stehen. Seit ich glaube, lebe ich mit diesen wunderbaren Bildern und merke, wie ich dadurch Jesus ähnlicher werde und sein Reich auf diese Weise baue.

Diesen Glauben und eine damit verbundene feste Überzeugung sehen wir immer wieder bei Männern und Frauen in der Bibel: Sie alle wurden von einer Vision Gottes angetrieben. Sie geben uns die Kraft, nie müde zu werden. Auch dann, wenn alles in unserem Leben zusammenbricht:

Jesaja 40,31: «Aber alle, die ihre Hoffnung auf den Herrn setzen, bekommen neue Kraft. Sie sind wie Adler, denen mächtige Schwingen wachsen. Sie gehen und werden nicht müde, sie laufen und sind nicht erschöpft.» (Hfa)

Als wir Anfang 2017 als Kirche in die unglaubliche Samsung Hall einzogen, sagten alle: «Waaaahnsinn! Was für ein sensationelles Gebäude! Was für krasse Architekten haben das geschaffen!» Das stimmte alles.

Aber irgendjemand sah das Landstück. Irgendjemand hat es gesehen, bevor wir den Architekten angefragt hatten. Hinter der Geschichte gibt es eine Geschichte, die viele nicht kennen.

Als wir das Land sahen, war die Baubewilligung so weit weg wie der FC Muhen von der Schweizer Meisterschaft. Wir wussten zudem, dass wir nicht die einzigen Interessenten waren. Andere Leute wollten das Land auch kaufen.

Die Landbesitzer sagten uns deshalb: «Wenn ihr dieses Land wirklich wollt, müsst ihr es ab sofort pachten.» Jeden Monat hat ein Mann dieses Land im Glauben gepachtet, obwohl wir nicht mal eine Baubewilligung hatten. Ein einzelner Mann legte im Glauben Hunderttausende von Franken auf den Tisch, bevor irgendjemand überhaupt einen Franken für den Bau gespendet hatte.

Er hatte gesehen, dass auf diesem Landstück an der «Hoffnigstrasse» ein Gebäude errichtet werden würde, das den Menschen Hoffnung bringen würde. Ein Gebäude, in dem Menschenleben verändert werden. Für immer. Dieser Mann, da bin ich mir sicher, sah dieses Gebäude und die vielen Tausend Menschen, die darin Jesus finden würden, schon vor zehn Jahren. Wahrscheinlich sogar mehr.

Das, was du siehst, wird geschehen.

Das habe ich am eigenen Leib erlebt.

Vor vielen Jahren habe ich von einem Haus geträumt für meine kleine Familie. Ein Haus, in dem wir viel Platz für Besuch hätten, für möglichst viele Menschen aus unserer Kirche und unserer Umgebung. Wir hatten aber kein Geld und hatten auch nicht vor, eine Bank zu überfallen.

Alles fängt mit dem Traum an. Und dann gilt es, ein Zeichen zu setzen, ein erstes Bild zu malen. Auch wenn es vorerst nur eine Skizze ist.

Was habe ich also gemacht? Ich wünschte mir ein Haus mit einem Basketballkorb. Ich mag das an amerikanischen Häusern. Basketball bedeutet Kinder, Leben, Freude, Bewegung. In Amerika kaufte ich mir einen Basketball und legte ihn später daheim neben mein Bett.

Jeden Morgen habe ich den Basketball gesehen und ein paar imaginäre Körbe geworfen. Ich habe ihn in die Hand genommen und habe die Möbel schwindelig gespielt.

Schon bald ging meiner Frau mein Michael-Jordan-Gehabe mächtig auf den Keks. Sie wollte ihn wegräumen. Ich verbot es ihr. Wenn ich es mal eilig hatte, stolperte ich fast über den Ball. Es war, als wollte er mir damit sagen:

«Hey, vergiss mich nicht, Kumpel!»

Und ich sagte ihm dann immer: «Good News! Deine Zeit kommt noch! Das Wunder ist unterwegs.»

Als ich Jahre später ein Haus mit einem Basketballkorb sah, wusste ich: Das ist es! Und auf mirakulöse Art und Weise und dank vieler himmlischer Fügungen konnten wir das Haus kaufen.

Es begann mit einem Bild von einem Basketball.

Bilder generieren Herausforderungen

Es sei an dieser Stelle geschrieben: Es ist definitiv ein Wagnis, sich die Bilder und Bibelverse, die Gott uns gibt, täglich vor Augen zu halten. Denn sie werden mit großer Wahrscheinlichkeit Probleme generieren.

Das sind aber die besten Probleme. Probleme werden bei dir so oder so vorstellig, auch ohne Bilder. Deshalb beschäftige ich mich lieber mit Problemen, die mich meinem Traum, meinem Bild näherbringen, als nichts zu tun. So lohnt es sich immer, sich ein Bild zuzulegen.

Du bist in den besten Jahren deines Lebens. Egal, wie jung oder alt du bist. Ein Bild kann sich jeder leisten. Dafür ist es nie zu früh oder zu spät!

Es wird Zeiten geben, in denen deine Umstände nicht mit deinem Traum übereinstimmen.

Josef hatte einen Traum, und dann wurde er von seinen Brüdern nach Strich und Faden vermöbelt und in eine Grube geworfen. Er wurde als Sklave verkauft, sexuell belästigt und unschuldig ins Gefängnis geworfen. Er ging durch die Hölle. Das stimmte nicht mit seinem Traum überein.

In diesen Momenten hast du zwei Möglichkeiten. Nummer eins: Du kannst dein Leben auf deine gegenwärtigen Umstände reduzieren. Es in die

Ecke treten. Dich geschlagen geben. Oder Nummer zwei: Du kannst glauben, dass dein Leben durch Gott zu deinem Traum aufgeschlossen wird, wenn du nicht aufgibst. Lass nie zu, dass Umstände das Bild verändern, das Gott dir in dein Herz gelegt hat.

In Habakuk 2, Vers 3 steht: «Denn was ich dir jetzt offenbare, wird nicht sofort eintreffen, sondern erst zur festgesetzten Zeit. Aber es wird sich ganz bestimmt erfüllen, darauf kannst du dich verlassen. Warte geduldig, selbst wenn es noch eine Weile dauert!» (Hfa)

Selbst wenn Gott dein Leben verlängern muss, wird er nicht zulassen, dass du stirbst, bevor er geschehen lässt, was er dir zugesagt hat. Die berühmte Malerin Grandma Moses fand mit 70 Jahren heraus, welch unermessliches Talent in ihr schlummerte. Sie entdeckte Farben und Pinsel und begann mit viel Elan zu malen. Zehn Jahre später, mit zarten 80 Jahren, hatte sie ihre erste eigene große Ausstellung in New York. Und als sie im 101. Lebensjahr starb, da war sie durch ihre Kunst weltberühmt.

Dreimal darfst du raten, wer ihr da ein paar zusätzliche Jahre geschenkt hatte. Gott ermöglicht Lebensträume unabhängig von Alter und Umständen. Doch warum hören wir immer von geplatzten Träumen oder stehen selbst vor ebensolchen?

Zerbrochene Träume

Es gibt zwei Gründe, warum Träume zerbrechen. Nummer eins: Menschen glauben nicht mehr an Gott. Nummer zwei: Menschen glauben nicht mehr an sich selbst. Ich kenne Menschen, die an Gott glauben, aber nicht an sich selbst. Und ich kenne Menschen, die an sich selbst glauben, aber nicht an Gott.

Achtung, große Weisheit vom kleinen Leo: Es braucht beides!

Du musst an Gott und an dich selbst glauben, wenn du den Traum erfüllen möchtest, zu dem Gott dich berufen hat. Kurz und knackig: Rückblende zu juicy Joseph. Der Traummeister lehrt uns, andere bei ihren Träumen zu unterstützen, während wir darauf warten, dass sich unser Traum erfüllt. Er half dem Mundschenk mit seinem Traum. Er half dem Bäcker mit seinem Traum. Er half dem Pharao mit seinem Traum. Und meine Frage an dich ist: Wem hilfst du bei seinem oder ihrem Traum?

Im Epheserbrief lesen wir, dass Gott das, was du für andere geschehen lässt, für dich geschehen lassen wird. Wem hilfst du durch deine Ressourcen, durch gegebene Möglichkeiten, seinen Traum zu erfüllen? Denn wenn im Moment dein Traum auf Ebbe steht, ist das ein Zeichen, dass du jemand anderen bei seinem Traum unterstützen darfst.

Der Plan

Bringen wir das Kapitel auf den Punkt. Ein Bild zum Ziel zu bringen, braucht einen Plan. Und dieser Plan beinhaltet drei konkrete Schritte.

1. Bete immer wieder über dem Bild. Wenn du nicht darüber betest, wirst du scheitern.
2. Werde aktiv. Fange an, in Richtung der Vision zu gehen. Kleine Schritte zählen! Schritt für Schritt. Bewege dich in die Richtung des Bildes.
3. Navigiere dich aus den heiklen Umständen heraus.

Ein Militäroffizier sagte mir mal: «Ich habe noch nie einen Angriffsplan gesehen, der eine Schlacht überlebt hat.» Was er sagen wollte: Du kannst deinen Plan haben, aber wenn du in einer Schlacht bist, musst du lernen, das Unerwartete im Blick zu haben.

Du musst lernen, deinen Plan zu steuern. Also fange mit einem Plan an, aber lerne gleichzeitig, wie man wendet und Dinge ändert. Wenn der ursprüngliche Plan nicht funktioniert, lass dich vom Heiligen Geist inspirieren und probiere es auf einem anderen Weg.

Aber verfolge das Bild hartnäckig.

Ein Bild verlangt Disziplin und Selbstverleugnung. Sei ehrgeizig mit deinem Leben.

David hütete die Schafe. Ein 400-Euro-Job. Seine Arbeitsmoral übertraf aber die aller 400-Euro-Arbeiter zusammen: Er übte das Zielen mit der Steinschleuder stundenlang. Er ballerte auf alles, was sich ihm anbot. Haselnüsse, Kamelmilchtüten und das Delfinposter seiner Schwester, das er hatte mitgehen lassen und an der Zeder befestigt hatte. Er schrieb Lieder. Er lernte Flöte spielen. Wer auch immer ihm diesen Floh ins Ohr gesetzt hat. Er machte Liegestütze.

Seine Gaben führten ihn schließlich in den Palast des Königs seiner Nation.

Er hütete die Schafe und übertrug Lebensweisheiten auf sie und sich, den Hirten. Während niemand ihn beobachtete, bildete er sich lange vor seiner großen Zeit für das Regieren aus.

Nachdem er die Schafe gehütet hatte, taucht David als antiker Pizzabote auf. Er brachte seinen Brüdern, die im Krieg waren, Brot und Käse vorbei. Und nutzte den Ausflug, um dem größten Mann der Feinde, Goliat, die Lichter auszupusten. Er zeigt ein kleines Müsterchen seines Könnens und beweist, was er mit der Schleuder so draufhat. Er verschwendet auch die Pizzabotenzeit seines Lebens nicht!

Alles im Leben, alles, was mit Sorgen, alles, was mit Schmerz und Ablehnung und «Misserfolg» zu tun hat, wird Gott zu Dünger für dich und deinen Traum machen, wenn du es zulässt. Sei ehrgeizig wie David – zu jeder Zeit.

Und wenn dir David zu weit weg ist, nimm dir ein Beispiel an Jerry Colangelo. Er reiste im März 1968 mit seiner Frau, drei Kindern, acht Koffern und einem ehrgeizigen Traum nach Phoenix. Als Kind hatte er den Baseballspielen im Radio gelauscht, in die Sterne geschaut und davon geträumt, wie ein optimales Baseballstadion aussehen müsste.

Und genau diese Träume setzte er nach seinem Umzug in Phoenix um. Er baute Stadien mit einer flexiblen Überdachung, die beim Öffnen den Blick auf das Sternenmeer freigeben. Und noch ein paar Jahre später wurde er sogar zum Besitzer der Phoenix Suns, dem Baseballteam der Stadt!

«Es ist wichtig», so betont Jerry heute, «dass man seine Träume ernst nimmt, denn Träume sind die Vorläufer der Wirklichkeit und machen uns zu einem Original!»

Das könnte glatt auch aus Davids Mund kommen.

WAS SIEHST DU?

Wenn du älter bist, hast du deine Träume oft schon gelebt. Du hast geheiratet. Du hast Kinder bekommen, dein Auto, dein Haus, deinen Hund. Dein Baseballstadion.

Was ist dein Bild? Was ist dein Bild vom Älterwerden? Falten bekommen, dicker werden? Das ist keine großartige Vision. Ich würde das eher Realität nennen. Wie willst du den Lauf mit Jesus vollenden?

Kürzlich wurde eine Studie durchgeführt mit Menschen, die in Pension gingen. Sie stellten fest, dass Rentner, die nichts zu tun hatten, innerhalb von drei Jahren gesundheitlich massiv schlechter unterwegs waren. Frei nach dem Motto: Wer rastet, der rostet! Wenn nichts mehr da ist, das dich begeistert, motiviert oder herausfordert, dann fängst du an zu verwelken. Und Verwelken ist definitiv nichts Nachahmenswertes.

Werde nicht so. Bleib dran. Erwarte, hoffe, glaube und schreibe auf. Egal, wie alt oder jung du bist. Egal, was du bis jetzt erlebt hast oder nicht.

Warum werden Philosophen, Musiker, Dirigenten, Maler, Künstler, Nonnen und Mönche statistisch gesehen besonders alt? Warum wirken sie auch oft im hohen Alter noch so jugendlich und flexibel?

Die Antwort ist: Sie gehören zu den kreativen Gestaltern des Lebens und jagen meist einer neuen Idee oder einem neuen Traum nach. Träume und Visionen halten dich und mich auf Trab.

Mose starb mit 120 Jahren mit glänzenden Augen, mit Kraft in seinem Körper, mit einem Herzen gefüllt mit Leidenschaft für seinen Freund und Retter, Gott. So vollendete er den Lauf. So will ich den Lauf vollenden. Und du?

warten

auf Gott

KAPITEL 4

Die Geschichte der Samsung Hall hat ja, wie schon gesagt, bereits vor Jahren angefangen. Ein guter Freund von mir, der sich bereit erklärt hatte, dieses Projekt zu leiten, meinte beim ersten Treffen, dass es nach seiner Erfahrung von jetzt an zehn Jahre dauern dürfte.

Ich fiel damals fast vom Stuhl. Ich hasse es, warten zu müssen. Und dann zehn Jahre. In zehn Jahren würde ich vielleicht schon auf dem Mars eine neue Kirche gründen. Zehn Jahre! Manno, das kannst du mir nicht antun!

Doch der gute Freund blieb dabei.

Ich habe echt ein Problem, wenn es um Geduld geht, und dann werde ich sauertöpfisch. Wenn mein Gegenüber im Gespräch zum Beispiel rumdruckst. Komm auf den Punkt, gib Gummi, mein Tag hat nur 24 Stunden. Wenn wir in der Kirche etwas Neues einführen und es irgendwie nicht richtig in die Gänge kommt. Wenn der Pizza-Lieferservice fünf Minuten zu spät an der Tür klingelt. Da gibt es von mir anstatt eines Dankeschöns kein Trinkgeld und ein «Wurde aber auch Zeit!».

Wer wartet schon gerne? Auf den Bus, den Zug, die Freunde, die zum Essen kommen, das Gehalt, die versprochene Beförderung, dass endlich Weihnachten wird ... na ja, das fällt nur den Kindern schwer ...

Es gibt noch ein anderes Warten. Da geht es nicht mehr um bloße Ungeduld und Gequengel, sondern das Warten tut weh und ermüdet. Da ist die Frau von einem lieben Freund von mir, die seit Jahren krank ist und Schmerzen hat. Tagein, tagaus. Der Rücken schmerzt, die Muskeln schmerzen, eine dauernde und permanente Qual, die sie müde werden lässt.

Und dann kommen Menschen mit gut gemeinten Ratschlägen: «Hab Geduld. Warte ab. Gott kommt nicht zu spät. Alles wird gut.»

Ja, vielen Dank, aber es fühlt sich genau andersrum an. Als ob er einen vergessen hat. Die Kraft schwindet, und du denkst daran, den Bettel hinzuschmeißen. Tausend Fragen schwirren durch den Kopf: Warum muss ich warten? Wofür soll das gut sein? Warum geht alles nicht schneller? Warum, Gott?

Worauf wartest du?

Jeder wünscht sich Veränderung in gewissen Lebensbereichen. In der Gesundheit, vielleicht in einer Beziehung, die sich hoffentlich zum Positiven ändert. Oder die Noch-nicht-Oma wünscht sich sehnlichst einen Enkel. Der Vater möchte eine bessere Beziehung zu seinem Sohn aufbauen. Oder ein anderer sehnt sich nach der fehlenden Arbeitsstelle, die es ermöglicht, endlich alle Rechnungen zu bezahlen.

Wie gehst du mit dem Warten um?

Wir haben als ICF in den letzten dreißig Jahren viel gewartet. Ich habe persönlich viel gewartet. Der Schlüssel zum Erfolg liegt nicht allein nur darin, eine Vision zu haben, sondern auch, wie man wartet, bis sich die Vision erfüllt.

Wenden wir unsere Aufmerksamkeit wieder Habakuk zu. Er ist supergut gestartet, hat krasse Wunder erlebt. Irgendwann sagt Gott zu Habakuk, dass die schönen Zeiten vorbei sind und schlimme Ereignisse vor Israel und somit auch vor ihm liegen. Er schlittert samt Volk in eine Monsterkrise. Er versteht Gott nicht mehr, da er sich ja nicht gegen ihn gewandt hatte. Gott ist weit weg.

Und da, mitten in seiner Glaubenskrise, steckt Gott Habakuk etwas Match-Entscheidendes zu.

Habakuk 2,3: «Denn was ich dir jetzt offenbare, wird nicht sofort eintreffen, sondern zur festgesetzten Zeit.» (Hfa)

Das Wort «festgesetzt» bedeutet, dass du es nicht beschleunigen kannst. Das ist mal der schlechte Teil der Nachricht für alle ungeduldigen Menschen wie mich und Sir Habakuk. Das Positive: Niemand kann diese Sache stoppen. Nicht einmal der Teufel.

Es geht weiter in Vers 3: «Es wird sich ganz bestimmt erfüllen, darauf kannst du dich verlassen. Warte geduldig, selbst wenn es noch eine Weile dauert!» Wenn du also mit vielen Fragen an den himmlischen Chef im Sumpf sitzt und dich fragst, warum der da oben nicht mal ein bisschen Gummi gibt und gefälligst deine Gebete erhört, sagt Gott ganz cool: «Chill deine Base, mein Sohn. Deine Vision wird sich erfüllen. Denn sie stammt von mir.»

Warten fühlt sich nie geschmeidig an. Da zeigt dir jemand das schönste Geschenk, zieht dir den Speck durch den Mund und sagt dann knochentrocken: «Kannst du haben, aber nicht jetzt. Mal schauen, wann.»

Vielen Dank aber auch. Was soll der Mist?

Apropos Speck und Konsorten:

Gehen wir noch mal zurück zur Pizza. Ich sehe auf dem Flyer das Wahnsinnsteil von einer käsetriefenden, richtig fett belegten Schmackofax-Pizza. Ich ruf an und bestell den Fladen. Und bevor ich aufhänge, sagen mir die, dass sie in dreißig Minuten bei mir ist.

Ich schreie jetzt nicht ins Telefon, was ihnen eigentlich einfalle und dass ich die Pizza jetzt sofort haben will. Haben, haben, haben! Nein, ich weiß ja aus Erfahrung, dass die das Monster jetzt mit viel Liebe zubereiten und dass ein Student sie dann anschließend mit dem Roller zu mir nach Hause chauffiert. Ich vertraue dem Pizzaladen. Die kommen in dreißig Minuten wie versprochen, dann beginnt das Fest.

Und irgendwie lässt mich das wieder zur Besinnung kommen. Ich vertraue dem Pizzadienst, dass sie wie versprochen die Bestellung liefern, aber bei Gott fällt es mir so schwer? Da muss ich definitiv mal über die Bücher.

Wenn mir die Pizza versprochen wird, dann bereite ich zu Hause den Tisch fürs Essen vor, hole Getränke und leck mir schon mal zünftig die Lippen. So werde ich in der Wartezeit ganz natürlich aktiv. Ich bereite mich auf das vor, was kommen wird.

WIE GESTALTEST DU DEINE WARTEZEIT?

Wir haben in den zehn Jahren nicht einfach nur gewartet, sind älter geworden, haben Falten gekriegt und uns einen Bauch angefuttert. Vielmehr waren wir schnittig mit unserer Kirche und unserem Gott unterwegs und haben nebenbei göttliche Prinzipien verinnerlicht, die ich dir anhand des schwebenden Balkens erkläre.

Das Ding ist superschmal, vor allem wenn du darauf irgendwelche Kunststücke vollbringen musst.

Im Leben hast du einen Plan, ein Ziel und eine Vision. Du machst dich frisch-fröhlich auf den Weg und pfeifst «I believe I can fly». Plötzlich realisierst du: Es ist gar nicht so einfach! Es wackelt auf dem Balken. Und ups, ich könnte rechts oder links runterfallen.

Wenn Gott plötzlich sagt: «Warte!», geht das ganz schön in die Beine. Und wenn du dann warten sollst, bis er sein Wunder tut, dann viel Glück. So zu stehen auf dem Balken, das wird ganz schön ungemütlich. Auf dem Balken kannst du dich wohl hinsetzen, musst dich aber gleichzeitig an den Balken

klammern, sonst fällst du. Und dann klammerst du und klammerst. Aber gut, dann passiert dir wenigstens nichts.

Kennst du das? Du hast geträumt, bist losgezogen und plötzlich wurde es schwierig, bis es nicht mehr weiterging. Du denkst, es hat nicht funktioniert. Und als Folge riskierst du nichts mehr. Du wünschst dir nur noch eine kleine nette Familie. Junge und Mädchen. Schöner europäischer Bleichgesicht-Durchschnitt. Hund mit Häuschen und Garten.

Wenn die Kinder zum Spielen in den Sandkasten gehen, müssen sie Helm und Taucherbrille tragen. Das Leben ist gefährlich. Auch drinnen folgt bald Helmpflicht. Sie könnten ja die Treppe runterfallen. Bald steckst du sie auch in ein Sumo-Ringer-Kostüm, damit sie rundum geschützt sind, und schmierst die Hülle noch mit Sonnencreme LSF 700 ein, damit die Kinder ja keine Sonnenstrahlen abbekommen.

Oder vielleicht hattest du bezüglich Reich Gottes viele Ideen und Visionen. Haben aber nicht wirklich funktioniert. Drum setzt du dich jetzt einfach schön brav jeden Sonntag in die letzte Reihe, faltest fromm die Hände zum Gebet und hältst, wenn es hochkommt, die Hände zu «Hosanna» in die Luft. Du hältst dich einfach fest.

Oder du warst schon bei zig Ärzten, damit sie etwas für dich tun können. Keine Medizin hilft. Also rennst du für ein vollmächtiges Gebet von einem Pfarrer zum nächsten und klammerst dich an deren Talarzipfel.

Das meistgesprochene Gebet auf Erden lautet: «Wenn ich sterben muss, lasse mich bitte im Schlaf sterben.» Niemand sieht es, niemand hört es, und es tut nicht weh.

Und dann sterbe ich irgendwann und wache im Himmel auf und frage Gott: «Und, wie war meine Kür?» Dann sagt Gott: «Nun ja. Es war jetzt nicht die ganz große Sensation. Festklammern ist nicht wahnsinnig attraktiv und zeugt auch nicht gerade von Mut, von dem ich mir ein bisschen mehr gewünscht hätte, wenn du mich gerade so direkt und offen fragst, mein Lieber.»

Wenn du also wartest, sollte es das Ziel sein, das Ziel nie aus den Augen zu verlieren.

Hebräer 11,1: «Der Glaube ist der tragende Grund für das, was man hofft: Im Vertrauen zeigt sich jetzt schon, was man noch nicht sieht.» (Hfa)

Wenn wir Gott vertrauen, dass er seine Versprechen einlöst, wirkt sich das entspannend auf unsere ganze Situation und unser Gefühlsleben aus. Denn dann geht es nicht um ein Festklammern, Angst haben, Stillstehen oder Aufgeben, sondern wir glauben aus tiefstem Herzen, dass alles gut kommt mit unserem Gott. Weil wir wissen, dass Gott uns führt, werden wir aktiv, gehen Schritte in diese Richtung.

TSCHÜSS, GOODBYE, ADIEU, LIEBE SORGEN

Sorgen und Ängste führen zu Klammerverhalten. Wir klammern unsere Hände um die Riemen des Rucksacks, der gefüllt ist mit unseren Sorgen. Und ich habe mich so an diesen Rucksack gewöhnt, dass ich gar nicht weiß, was ich tun soll, wenn er nicht mehr da ist. Die Sorgen füllen meine Gedanken so stark und brauchen die ganze Kapazität derselben.

Und wenn ich mir keine Sorgen mehr machen muss, tja, dann fass ich mir an den Kopf und weiß gar nicht mehr, was ich denken soll. Scheibenkleister auch! Am Rucksack kann ich mich wenigstens festklammern.

Das andere ist, ich mache mir Sorgen über Dinge, obwohl, wie ich im Nachhinein herausgefunden habe, es viel Substanzielleres gegeben hätte.

Darüber hätte ich mir Sorgen machen müssen, wenn überhaupt. Aber sicher nicht über das, worüber ich mir Sorgen gemacht habe. Das, worum es wirklich geht, ist mir gar nicht in den Sinn gekommen. So sind Sorgen häufig Fake-Sorgen. Und sich mit denen rumzuschlagen, lohnt sich so wenig, wie Fake-News zu lesen.

Eine Woche vor der Eröffnung der Samsung Hall spürte ich meinen Sorgenrucksack. Ich machte mir große Sorgen, ob wir die Halle für die Eröffnungs-Celebration fertigkriegen würden.

An einem Morgen hatten wir mit dem Staff eine kleine Worship-Zeit, und da stand in fetten Lettern auf der Leinwand folgender Songtext: «Gott, du bist größer. Gott, du bist stärker, du stehst über allem.» Ich wollte das singen. Doch der Rucksack drückte, meine Hände klammerten, und das Atmen fiel mir schwer. Ich konnte beim besten Willen nicht «Gott, du bist größer» singen, während ich mit dem Gewicht des Rucksacks kämpfte. Meine Sorgen hatten sich frech zwischen Gott und mich gestellt.

Ich streifte bewusst den Rucksack ab und zeigte den Sorgen den Stinkefinger. Beleidigt machten sie sich aus dem Baustaub. Und dann shoutete ich aus voller Bon-Jovi-Kehle: «Gott, du bist größer!»

Matthäus 6,33: «Sorgt euch vor allem um Gottes neue Welt, und lebt nach Gottes Willen. Dann wird er euch mit allem anderen versorgen.» (Hfa 2002)

Genau das habe ich gecheckt. Ich kann nicht meine Sorgen spazieren fahren und gleichzeitig diesen Gott im Himmel anbeten, der am Kreuz den Sieg errungen hat, der auferstanden ist und jetzt im Himmel für uns einsteht. Das kannst du vergessen. Ich muss diese Sorgen knicken. In den Eimer treten. Wenn wir mit unserem himmlischen Vater unterwegs sind, ist nicht die Frage, wohin wir gehen. Das ist die Frage der Sorgen. Der Weicheier.

- Was ist heute?
- Was ist morgen?
- Was machen wir übermorgen?
- Was passiert dann?
- Was ist mit unseren Kindern?
- Was ist mit meinem Müsli?

Nein, wenn wir mit Gott unterwegs sind, ist die Frage, mit wem wir unterwegs sind. Mit unserem guten Vater.

- Ihm kann ich vertrauen.
- Ein-hun-dert-pro-zen-tig.
- Er meint es gut mit mir.
- Unfassbar gut sogar. Er liebt mich.
- Von hier bis auf den Kilimandscharo und zurück.
- Er macht keine Fehler.
- Er kommt nicht zu spät.
- Und ja, er kommt auch nicht zu früh.
- Ist er Schweizer?

Ralph Waldo Emerson hat einmal den weisen Satz gesagt: «Ein Mann ist das, worüber er den ganzen Tag nachdenkt.» Oder ein wenig anders ausgedrückt: «Sage mir, was du denkst, und ich sage dir, wer du bist.»

Und genau darum geht es beim Thema «Sorgenmachen».

Sprudelt dein Gehirn nur mit Sorgen über oder aber mit dem, was Gott Cooles für dich parat hat? Gott hat einen Wahnsinns-Deal bereit für dich: deine Sorgen gegen seine guten Gedanken.

Als Susanna ihre allererste Predigt im ICF halten sollte, war sie extrem unsicher. Sie hatte große Angst, vor Menschen zu sprechen. Am Morgen vor dem großen Auftritt lag diese Angst förmlich in der Luft und grinste ihr hämisch ins Gesicht.

Sie sagte zu sich: «Oh Mann, das wird superpeinlich, der totale Reinfall! Das schaffst du nie! Wenn ich dich wär, würde ich weit abhauen!» Die Angst will sich immer viel größer machen, als sie eigentlich ist.

Wenn Susanna an Jona dachte, wusste sie, dass ein «sich vom Acker machen» für sie nicht in Frage kam. Sie hatte keine Lust auf drei Nächte in einem Walfisch. Sie wusste, dass es richtig war, an diesem Tag zu predigen. Gott im Himmel ist da. Es galt: Nicht *wohin* ist sie unterwegs, sondern mit *wem?* Die Sorgen, die sich so groß machten, mussten sich jetzt diesem Gott unterordnen. Dann ging es.

Und was in Susannas Leben funktioniert, klappt ohne Zweifel auch in deinem. Sorgen führen zu Klammerverhalten und Ängsten. Nach meinem Verständnis sind wir keine Nachkommen der Affen, also habe ich auch keinen Bock mehr auf Klammern. Klammerverhalten macht uns ganz verklemmt und steif. Wir müssen die Sorgen aktiv in Gottes starke Hände legen und ihm so unser volles Vertrauen aussprechen.

Wenn ich die Mutter sehe, die sich Sorgen um ihren Sohn macht, dass er hoffentlich nicht ständig Drogen nimmt ... den Vater, der sich um seine halbwüchsige Tochter sorgt, dass sie nicht schon wieder belästigt wird ...

Wenn die Angst und Sorge hochkommt, wie du den Tag trotz Schmerzen überstehen kannst, habe ich vollstes Verständnis dafür, dass so etwas einen durchschüttelt und wachhält. Aber dennoch: Es ist eine Sorge. Und die Bibel spricht davon, dass Jesus alle Sorgen zu sich nehmen möchte. Also geben wir sie ihm aktiv.

Das heißt nicht, dass mir alles egal wird, sondern dass ich meine Verantwortung abgebe, mich gleichzeitig aber nicht sorge. Ich sage den Sorgen tschüss, goodbye, adieu und schieße sie in die Erdumlaufbahn. Dort können sie von mir aus mit den Fernmeldesatelliten einen Schwatz halten, Kaffee trinken und sogar Kinder kriegen. Dort sind sie, wo sie hingehören. Weg von uns. In Gottes Obhut. Was der genau mit ihnen macht, das entzieht sich meiner Kenntnis. Ich glaube, er verwandelt sie in etwas Gutes. Sterne vielleicht?

Dreh dich mal kurz um!

Wenn du auf Gottes Antwort wartest, drehe dich mal kurz um

Das ist ein einfaches, aber hochwirksames Prinzip, das man während des Wartens praktizieren kann, um die Sorgen zu verabschieden. Ich liebe es, wenn ein Prinzip funktioniert! Wir schauen im Leben zurück auf die Wunder, die Gott gemacht hat, und wir schauen voraus und sehen, welche Verheißungen Gott uns gegeben hat. Wir schauen zurück und nach vorne, yo!

Das hilft uns beim Warten. Wenn ich zurückschaue, erinnere ich mich daran, woher ich komme. Ich wuchs in einer duften christlichen Familie auf. Mit sechs Jahren warf ich mich mit einem großen Smile Jesus in die Arme.

Als ich ein Teenager war und die Jugendgruppe besuchte, habe ich faszinierende Geschichten von tätowierten Frauen und Männern gehört, die spektakulär von den Drogen losgekommen sind. Was die alles mit Jesus erlebt hatten! Da blieb mir die Spucke weg. Die hatten was zu erzählen von ihrem früheren Leben, mein lieber Herr Gesangverein! Sie begegneten dem großen Meister Jesus und hatten nachher ein um 180 Grad verändertes Leben.

Bei mir war das nicht so. Meine Geschichte mit Jesus war so interessant wie die Geschichte von Benjamin Blümchen.

Ich sah das Leuchten in ihren Augen, wenn sie von Jesus erzählten. Das fehlte mir. Ich hatte keine Ahnung, wie ich dazu kommen konnte. Sollte ich mir gefärbte Kontaktlinsen besorgen oder mir stundenlang die Augen reiben? Dann würden sie wenigstens rot leuchten. Aber ob das erlöst aussah?

Interessanterweise führten ausgerechnet die herausfordernden Situationen in unserem Leben – wie nach Zürich ziehen, eine Kirche gründen, anfangen zu predigen usw. – genau zu diesen persönlichen Begegnungen mit Jesus, zu dem Leuchten in meinem Herzen, das ich mir immer so gewünscht hatte!

Wenn ich zurückschaue, sehe ich alle diese herausfordernden Momente. Sie haben mich so viel näher zu Jesus gebracht. Und ich muss mir keine Gedanken mehr um gefärbte Kontaktlinsen machen.

Wenn du in einer Warteschleife bist, auf Gesundheit, ein Wunder, einen Durchbruch, einen Superjob oder was auch immer wartest, dann schaue zurück auf die Wunder, die Gott in deinem bisherigen Leben aus dem Ärmel geschüttelt hat. Das baut deinen Glauben auf und will dir Mut machen: Gott ist derselbe, gestern, heute und in alle Ewigkeit.

Gott hat den Menschen immer wieder einen Auftrag gegeben: Feiert bis in die Puppen! Diese Feiern hatten einen Grund: Blickt zurück und erinnert euch daran, was Gott getan hat. Der Auszug des Volkes Israel wird jährlich gefeiert. Und das seit x-tausend Jahren.

5. Mose 6,20–23: «Später werden euch eure Kinder fragen: ‹Warum hat der Herr, unser Gott, euch all diese Gesetze, Weisungen und Ordnungen gegeben?› Dann sollt ihr ihnen antworten: ‹Früher mussten wir als Sklaven für den Pharao in Ägypten arbeiten. Aber der Herr hat uns mit starker Hand befreit. Vor unseren Augen hat er große Wunder getan und schreckliches Unglück über Ägypten, den Pharao und seine Familie gebracht. Er hat uns dort herausgeholt, um uns in das Land zu bringen, das er unseren Vorfahren mit einem Eid versprochen hatte.» (Hfa)

Nutze doch mal den nächsten Geburtstag für den großen Wundercheck. Streng mal deine Hirnzellen an und check ab, was alles so gelaufen ist. Erinnere dich an all die speziellen Momente mit Gott und sein übernatürliches Eingreifen und frag dein Umfeld, ob ihnen dazu auch was in den Sinn kommt.

Oft sehen wir die Wunder vor der eigenen Haustüre nicht oder haben sie schon wieder vergessen. Freunde und Familie hingegen sehen viel eher, wie du dich verändert hast. Und dann feiert mal Jesus so richtig deftig ab! Biete ihm das größte Stück der Geburtstagstorte and give him a big shout!

Schau mal nach vorne!

Wenn du auf Gottes Antwort wartest, schaue nach vorne

Das zweite Prinzip ist die Kraft des Erkennens. Schau nach vorne! Entwickle ein Bild, das Gott für dich bestimmt und dir verheißen hat.

Vor vielen Jahren waren wir mit dem Büro vom ICF noch an der Josefstrasse. Da kam ein brasilianischer Pfarrer herein. Er kannte mich nicht und sagte:

«Über deinem Kopf sehe ich Flaggen der ganzen Welt. Du wirst eines Tages auf der ganzen Welt predigen.»

Ich komme aus dem wunderschönen, ländlichen, kleinen, aber feinen Buchs SG, ganz in der Nähe von Österreich. Die meisten nennen es ein Kaff. Ich nenne es liebevoll den wunderbaren Ort meiner Kindheit.

Als dieser lockere, lässig seine Sambahüften schwingende Pfarrer von der ganzen Welt redete, hieß das für mich Österreich und Deutschland. Vielleicht noch Liechtenstein. Noch nie gehört? Ist ein kleines Land voller Käffer. Ich konnte mir nicht vorstellen, dass ich jemals in Deutschland oder Österreich predigen würde, geschweige denn in einem anderen Staat, dessen Landessprache ich nicht mächtig war.

Eine Frau, die schon lange im ICF war, bestätigte das Wort von Samba-Preacher-Man: «Ich habe diese Flaggen auch gesehen.» Und anscheinend waren das mehr als die deutsche und die österreichische.

Wann immer ich in einer Warteposition bin, der eine Verheißung vorangegangen ist, weiß ich, dass sich die Verheißung erfüllen wird. Wenn ich realisiere, dass es länger dauert, als ich gedacht habe, führe ich mir immer wieder die Vision vor Augen: «Leo, trotzdem oder deswegen ist das deine Bestimmung in deinem Leben. Du wirst in vielen Ländern auf dieser Welt predigen.» Das hilft mir: Anschauen zu können, wohin Gott mich führen will.

Schaue zurück auf die Wunder, die Gott getan hat, und schaue nach vorne, was Gott auch in Zukunft noch machen wird. Das ist eine immense Hilfe in der zähen Warteschleife. Es hilft dir, in deiner Warteposition nicht unnötig ungeduldig zu werden und plötzlich die Dinge selbst in die Hand zu nehmen. Wie Kinder stehen wir in Gefahr, uns frühzeitig selbst belohnen zu wollen. Wie man es beim Marshmallow-Test sehen kann.

Der Marshmallow-Test gehört zu den bekanntesten Experimenten der Psychologie.

Der Psychologe Walter Mischel und seine Assistenten boten in den Jahren 1968 bis 1974 etwa vierjährigen Kindern Süßigkeiten an und stellten sie vor die Wahl, entweder die Süßigkeit sofort zu naschen oder später eine zweite zu bekommen, wenn sie der Versuchung widerstehen können und auf den sofortigen Genuss verzichten. Dieser Belohnungsaufschub gelang einigen Kindern, anderen hingegen nicht, das heißt, sie unterschieden sich hinsichtlich des Belohnungs- und Bedürfnisaufschubs.

Mischels Test zeigt die Bedeutung der Impulskontrolle und des Aufschieben-Könnens von Selbstbelohnungen für akademischen, emotionalen und sozialen Erfolg. Damit wird die Fähigkeit beschrieben, kurzfristig auf etwas Verlockendes zugunsten der Erreichung langfristiger Ziele zu verzichten. Ergebnisse des Experiments sagen diese Fähigkeit eines Menschen recht gut voraus.

Die Theorie des Belohnungsaufschubs erklärt also im Detail, unter welchen Bedingungen Menschen in der Lage sind, eine unmittelbare Belohnung zugunsten eines in fernerer Zukunft liegenden Ertrages aufzugeben.[1]

Was mache ich mit meinen «Marshmallows»? Was mache ich mit der Verheißung? Mein ganzes Geld auf den Kopf hauen, um in die ganze Welt zu reisen und auf den Parkplätzen vor leeren Autos zu predigen?

Die Zeit kommt zu Gottes Zeit. Vor sieben Jahren hat Gott eine Tür nach der anderen aufgetan. Heute predige ich auf allen Kontinenten, in Kirchen und auf Konferenzen. Es gibt nichts Größeres, als Gottes Plan für mein Leben nach seiner Uhr zu erfüllen.

Habakuk schaute auch nach vorn, vertraute Gott, dass er das tut, was er verheißen hat. Er wusste, dass der Glaube ein festes Vertrauen darauf ist, dass Gott das tut, was er verheißen hat.

Vergleichen macht keinen Sinn.

Wenn du auf Gottes Antwort wartest, vergleiche dich nicht ...

Edelsteine findet man in der Natur. Sie haben etwas Besonderes an sich. Jeder Edelstein leuchtet in seiner eigenen Farbe. Und weißt du, warum ein gelber Edelstein gelb ist? Weil er Farbanteile absorbiert. Der gelbe Stein «schluckt» das restliche Spektrum des Lichts, so fehlt es ihm, und er kann nur das gelbe Licht reflektieren. Deshalb leuchtet er gelb. Würde er Gelb auch noch schlucken, wäre er schwarz. Der arme Kerl. Schwarz ist irgendwie extrem unleuchtend.

[1] Quelle: Stangl, W. (2018), Stichwort: «Marshmallow-Test», Lexikon für Psychologie und Pädagogik, http://lexikon.stangl.eu/3697/marshmallow-test/.

Die Edelsteine sind ein prima Beispiel für unser Leben. Wir alle sind begabt, wir alle haben Talente, verschiedene Farben sozusagen. Weil uns Anteile fehlen, die andere viel besser können, auf die wir aber angewiesen sind, kommt meine Farbe besser zur Geltung. Da, wo ich mich abhängig mache und sage, dass ich andere brauche, fängt meine Farbe, die Gott mir geschenkt hat, umso mehr zu leuchten an.

Wie geil ist das denn!?! Das ist ein fantastisches Bild, das uns in der Natur gegeben ist. Meine Gaben mit denen von anderen zu vergleichen ist für die Füchse, die Katze und den Mülleimer.

Was wir in den letzten zwanzig Jahren gelernt haben und weiterhin lernen müssen: Vergleiche dich und deine Geschichte nie mit jemand anderem. Du wirst immer jemanden finden, von dem du glaubst, dass er mit Gott draufgängerischer, effizienter und cooler unterwegs ist. Menschen, die keine Probleme und keine Nöte zu kennen scheinen und bei denen die Sonne aus der Achselhöhle strahlt. So wie es aussieht, erhört Gott ihre Gebete innerhalb einer Nanosekunde. Immer. 24/7.

Aber du bist wie Habakuk in einer Monsterwarteschlaufe drin und triffst dort auf ganz viele Biathleten, die beim Schießen nicht ins Schwarze, sondern in den weißen Schnee getroffen haben. Du bist am Warten und am Warten und hast schon einen ganz flachen Hintern. Alle um dich herum haben es viel einfacher als du. Außer deine neuen Biathletenfreunde und Habakuk der Loser. Beim Vergleichen verlierst du immer. Wie Petrus in der Bibel. Johannes chillt seine Base bei Jesus. Petrus kommt dazu. Hat sich mal wieder die Hände schmutzig gemacht. Er hat Fisch gefangen für die ganze Truppe. Jesus steigt dann supersteil ins Gespräch mit dem bärtigen Bruder Petrus ein: «Ich habe eine tolle Botschaft für dich, du wirst für mich sterben können. Yeah, come on, let's do it!»

Wie toll das Petrus wirklich fand, sei dahingestellt. Auf jeden Fall sieht Petrus den in seinen Augen faulen und weichen Johannes und fragt deshalb Jesus: «Was ist denn mit Johannes da an deiner Brust?»

«Was geht dich das an?», sagt Jesus. «Weshalb vergleichst du? Folge du mir nach.»

Vergleichen ist immer falsch. Es wird dich immer verletzen, wenn du das Gefühl hast, Gott sei unfair zu dir. Oh Mann, ich sage dir, da habe ich in den letzten zwanzig Jahren gefühlt zweitausend Kämpfe gefochten.

Die anderen Kirchen in der Schweiz haben so tolle Gebäude – und wir? Will Gott uns ärgern? Uns Steine in den Weg legen, anstatt die Türen für ein eigenes Gebäude aufzusprengen? Wie wär's mit ein bisschen Dynamit, anstatt immer nur von einer Mietlocation zur andern zu wandern, Chef? Die anderen haben alles, und wir leben als Kirche aus rollenden Kisten. Eigentlich könnten wir uns umtaufen: COW – Church on Wheels!

«Vergleich dich mit den anderen, damit du siehst, was ich bei dir nicht tue»??? So ein Quatsch mit Rüben. So was hat Gott nie gesagt. Doch wir leben genau nach solch erfundenen Bibelversen aus 1. Sorgen 1,3.

Als Kinder, wenn das Eis beim Dessert aufgeteilt wurde, fing es meist unweigerlich an: Der hat aber mehr Eis als ich! Das ist ungerecht! Buähhhh. Wir sind im Kindergartenalter steckengeblieben, heulen rum und verhalten uns immer noch wie Sechsjährige. Obwohl genug Eis für alle da ist. Und so viel Eis, wie gut für uns ist. So ein kleiner Rotzbengel verträgt nicht immer so viel Eis wie der große Bruder. Und wenn die Eltern das schon so plusminus im Griff haben, wie viel mehr dann unser Dad im Himmel. Der ist 'ne absolute Granate im Verteilen! Da bin so was von sicher!

Vergleichen führt zu Bauchschmerzen, schlechter Laune und, wenn es weitergeht, zu viel Bitterkeit.

Wenn wir erkennen, welchen Weg Gott mit **UNS** geht, anstatt darauf zu schauen, was Gott bei den **ANDEREN** alles macht, kommen wir aus dem Staunen nicht mehr raus.

«Ich habe noch nie eine dankbare Person gefunden, die verbittert war. Und noch nie eine verbitterte Person, die dankbar war.»

Hol dir Unterstützung!

Wenn du auf Gottes Antwort wartest, hole dir Unterstützung

Ohne Unterstützung tauchst du ab. Du hältst nicht durch, bis sich die Vision erfüllt. Wieso braucht man die Kirche? Sie ist da, um zu helfen. Wieso gehe ich in eine Smallgroup, wo ich mich alle zwei Wochen mit haarigen Männern treffe? Weil wir uns auf dem Weg mit Gott helfen, nochmals etwas riskieren zu können.

Gib nicht auf, nur weil du einmal gefallen bist! Die Bibel sagt in Sprüche 24,16: «Der Gerechte fällt sieben Mal um, aber er steht wieder auf.» Du brauchst Leute, die dir helfen, deine Geschichte nochmals zu schreiben. In dieser guten göttlichen Gemeinschaft erlebst du Heilung und Genesung. Du stehst wieder. Das ist die Kunst des «Aufstehens». Sie wird durch Gemeinschaft erst möglich.

Irgendwann hast du deinen Lauf vollendet, du stirbst und stehst vor dem Richter. Und Jesus wird sagen: «Well done! Du hast es gut gemacht, du treuer und zuverlässiger Diener.»

Such dir einen Mentor

Im Kinofilm «Der Club der toten Dichter» ist die Hauptfigur, der Lehrer John Keating, gespielt von Robin Williams, ein Schöpfer großer Träume. In einer Szene nimmt John eine Gruppe von Schülern mit in den Schulkorridor, wo in einem Schaukasten die Fotografien von früheren Schulabgängern ausgestellt sind.

Keating betont, dass jedes einzelne Gesicht für einen Traum steht, und er überlegt laut, welche Schüler wohl inzwischen als Erwachsene ihren Traum wahr gemacht haben und drangeblieben sind.

Dann beugt er sich zu den Schülern, die um ihn herumstehen, und flüstert: «Carpe diem!» – «Nutze den Tag!»

Zunächst zögern die Schüler, aber als die kraftvolle Herausforderung langsam durchdringt, sind sie vom Traum gepackt.

Manchmal ist alles, was wir brauchen, jemand, der uns ermutigt, dranzubleiben.

In den vergangenen Jahren tauchte erst in Managerkreisen, später auch unter Christen der Begriff «Mentoring» auf.

«Es gehört mitunter schon fast zum guten Ton, dass man einen Mentor hat oder Mentoranden betreut», erklärt der diplomierte Betriebsausbilder Andreas Lange. Doch was genau steckt hinter diesem Modewort?

Dr. Robert Clinton, Assistenzprofessor an der Schule für Weltmission am Fuller Theological Seminary, umschreibt es mit folgenden Worten: «Mentoring ist eine besondere Art der Beziehung zwischen zwei Menschen, in der eine Person die andere zurüstet und bevollmächtigt. Das geschieht dadurch, dass der Mentor seine persönlichen Stärken, Mittel, Kontakte, sein

Wissen etc. dem anderen zur Verfügung stellt, so dass dieser seine Ziele, seine Vision und Berufung erreichen kann.»

Andreas Lange stellt dazu fest: «Wir brauchen einander zur gegenseitigen Ergänzung, Förderung, Ermutigung und Korrektur. Jeder wiedergeborene Christ hat vom himmlischen Vater natürliche Fähigkeiten und vom Heiligen Geist mindestens eine Gnadengabe bekommen, ein göttliches Kraftpotenzial, um anderen Mitmenschen zu dienen.»

Mentoring macht also nur dann Sinn, wenn dadurch letztlich auch andere wieder etwas profitieren können.

In den faszinierenden biblischen Storys über das Leben Jesu sehe ich den Sohn Gottes als den Mentor, der andere in ihren Träumen bestärkt und ermutigt.

Jesus prägte jeden, der ihm begegnete. Er verwandelte den Traum einiger hibbeliger Fischer, die zunächst nur ihre Netze füllen wollten und letztlich eifrig die Welt veränderten. Jesus veränderte das Leben von Prostituierten, Zöllnern, von armen und stinkreichen Menschen. Blinde, die davon träumten zu sehen, sahen. Taube, die sich danach sehnten zu hören, hörten plötzlich die Vögel pfeifen. Wohoo! Krüppel, die sich nichts mehr wünschten, als zu laufen, liefen plötzlich den Jerusalem-Marathon. Hungrige, die sich danach sehnten zu essen, aßen vorzügliche Speisen, himmlische und irdische. Süchtige, die von Veränderung träumten, wurden verändert.

Und so könnte man diese Aufzählung noch lange weiterführen. Doch Jesus war mehr als nur ein Traumschöpfer oder Mentor: Er war der Vollender, die Erfüllung großer Träume! In und durch Jesus Christus hat Gottes Traum, nämlich uns Menschen persönlich zu begegnen, ganz praktisch Gestalt angenommen. So liegt denn auch gerade in unserer persönlichen Beziehung zu Jesus Christus die ganze Fülle unserer Träume verborgen.

Wir, als Jesus-Liebhaber, sind jedoch nicht nur dazu aufgerufen, uns von Gott beschenken zu lassen. Vielmehr geht es – wenn unsere Träume Wirklichkeit werden sollen – darum, dass wir den Willen Gottes tun.

Jesus selbst hat diesen wie folgt formuliert: «Lehrt sie, so zu leben, wie ich es euch aufgetragen habe.» (Matthäus 28,20; Hfa 2002)

Genau *so* sieht biblisches Mentoring aus! Du und ich sind dazu aufgerufen, für die Blinden, Tauben, Lahmen, Hungrigen, Unruhigen und Abhängigen wie Jesus zu sein.

Jesus sagt selbst: «Amen, ich versichere euch: Wer im Glauben mit mir verbunden bleibt, wird die gleichen Taten vollbringen, die ich tue. Ja, er wird noch größere Taten vollbringen, denn ich gehe zum Vater. Wenn ihr dann in meinem Namen, unter Berufung auf mich, um irgendetwas bittet, werde ich es tun.» Johannes 14,12–13 (GNB)

Wenn du deine Träume nach dem Vorbild Jesu entwickelst und auslebst, so wird das andere Menschen in krassem Ausmaß positiv beeinflussen. Und es wird sie ebenfalls dazu anregen, neue Träume zu entwickeln und wiederum für andere ein Vorbild zu sein. Wie geil ist das denn?!

Außerdem wird es dein eigenes Leben entscheidend zum Besseren verändern. Denn wenn du und ich beginnen, unseren Traum zu leben, dann werden wir dadurch auch andere ermutigen, ihre Träume und Sehnsüchte wahr zu machen. Denn er weiß: Ideen sind der Anfang aller wichtigen Dinge.

Jeder große Traum beginnt mit einer Idee. Wenn diese jedoch gleich am Anfang wieder verworfen und in die Tonne getreten wird, so ist die Möglichkeit eines fruchtbaren Traums für immer hopsgegangen. Und darum erwartet ein Mentor immer nur das Beste für dich. Und du wiederum erwartest immer nur das Beste für die anderen.

Als Louanne an ihrem ersten Arbeitstag in einem amerikanischen Klassenzimmer in einer düsteren Neighborhood ihren Namen an die Tafel schrieb, knallte wenige Zentimeter neben ihrem hübschen Kopf ein Wörterbuch an die Tafel.

Dank ihrer Ausbildung bei den «Marines» und ihrer inneren Zurückhaltung schrieb Louanne ruhig ihren Namen zu Ende.

Dann drehte sie sich zu dem Teenager um, der das Buch geworfen hatte. Sie befahl ihm, sich hinzusetzen, und verkündete frei Schnauze: «Ich bin zu jung, um in Rente zu gehen, und zu gemein, um zu kneifen. Also müsst ihr es mit mir aushalten.»

In den folgenden fünf Jahren krempelte Louanne Johnson das Leben ihrer Schüler um. Obwohl sie es mit den härtesten Burschen und den schrillsten Mädchen zu tun hatte, ließ sie sich nicht von ihrem Ziel abbringen.

Am ersten Tag steckte sie ihnen, dass jeder in ihrer Klasse zunächst die Note «Sehr gut» bekommen würde. Die meisten hatten noch nie in ihrem Leben ein «Sehr gut» gehabt.

Louanne erklärte ihnen dann, dass sie die Wahl hätten: Sie konnten diese gute Note halten oder in einem Paper rauchen.

Sie gab ihnen zuerst das Beste, nämlich eine Supernote!

Nun erwartete sie das Beste von ihrer Truppe und belohnte die Einzelnen großzügig für ihre Erfolge. Sie glaubte an ihre Schüler, auch wenn kein anderer es tat.

Als ein Schüler ihr sagte, er könne die Hausaufgaben nicht machen, weil ihn seine Freunde dann auslachen würden, durfte er sein Heft heimlich abgeben, damit er das Gesicht wahren konnte. Dieser junge Mann wurde später Techniker in einem Forschungslabor.

Aber das war nicht der einzige Erfolg. Louanne Johnson, deren Geschichte die Vorlage für den Kinofilm «Dangerous Minds» lieferte, war eine Traum-Mentorin für ihre Schüler.

Jeder braucht jemanden, der das Beste von ihm und für ihn erwartet, so wie wir es in Johannes 15,13 lesen: «Die größte Liebe beweist der, der sein Leben für die Freunde hingibt.» (NLB)

Vor Jahren machten meine Frau und ich uns Gedanken über unsere Zukunft. Welche theologische Ausbildungsstätte sollten wir besuchen? Bei einer christlichen Großkonferenz wurden dann an den einzelnen Ständen zahlreiche Ausbildungsmöglichkeiten vorgestellt.

Wir gingen auf den ersten Stand zu und betrachteten uns das Angebot. Plötzlich kam ein Mann auf uns zu und sagte zu uns: «Genau so ein Ehepaar wie euch brauche ich. Kommt doch nach Zürich und startet mit mir zusammen eine neue Kirche.»

Diese Worte gingen mir durch Mark und Bein, denn noch nie zuvor in meinem Leben glaubte jemand in dieser Art und Weise an mich.

Und dies, obwohl der Mann mich bis zu diesem Tag gar nicht kannte. Das Ganze war, ehrlich gesagt, auch ein bisschen spooky.

Trotzdem: Susanna und mir sagte dieser Vorschlag zu, und so kamen wir nach Zürich, wo wir eine Kirche starteten, in der heute etwa 2500 Menschen Sonntag für Sonntag die Gottesdienste besuchen.

Dies alles geschah nur, weil ein Mann das Beste in uns sah. Und das war nicht eine Niere oder die Lunge, sondern unser brennendes Herz für das Reich Gottes.

Heinz Strupler, so heißt er, wurde für mich ein echter Mentor. Weil er mir half, meinen Traum zu erfüllen, habe auch ich mich dazu entschieden, dies bei anderen zu tun.

Zu genau dieser Handlungsweise fordert uns auch Jesus auf, wenn er uns verklickert: «Ich bin nicht auf diese Welt gekommen, um mich bedienen zu lassen, sondern um zu dienen und mit meinem Leben viele Menschen aus der Gewalt des Bösen zu befreien» (Markus 10,45; Hfa 2002 – hier aber in Ich-Form).

Wir alle brauchen einander! Kein Dirigent dieser Welt könnte ohne ein Orchester Sinfonien verwirklichen. Und was wäre Jogi Löw im Spiel ohne seine elf kickenden Jungs? Was die Mafia ohne ihre Dunkelmänner? Und was der Firmenchef ohne seine Mitarbeiter? Selbst die Kirche ist keine Ansammlung einsamer Marvel-Einzelkämpfer-Helden. Vielmehr erkennen wir schon aus der Bibel, dass Mose ein großes Team um sich aufbaute.

Wer könnte dein Mentor sein? Und wem könntest du helfen, seinen Traum zu erfüllen, und ihm zur Seite stehen, gerade wenn es nicht vorwärtsgeht?

Ich ende mit den Versen aus Hebräer 11,33–35: «Weil sie Gott vertrauten, konnte er Großes durch sie tun. [...] Als sie schwach waren, gab Gott ihnen neue Kraft. Weil sie sich auf Gott verließen, vollbrachten sie wahre Heldentaten und schlugen die feindlichen Heere in die Flucht.» (Hfa)

Auch wenn Warten nie einfach ist, gerade in dieser schnelllebigen Zeit, in der Abkürzungen an der Tagesordnung sind und der Marshmallow überall lockt, tut uns Warten gut, denn sonst wären Warten und Geduld keine Geistesfrüchte (Galater 5,22). Warten fördert das tiefe Vertrauen in Gott, der Herr über Raum und Zeit ist. Gott wird kommen und sein Versprechen einhalten.

Habakuk 3,17–19: «Noch trägt der Feigenbaum keine Blüten, und der Weinstock bringt keinen Ertrag, noch kann man keine Oliven ernten, und auf unseren Feldern wächst kein Getreide; noch fehlen Schafe und Ziegen auf den Weiden, und auch die Viehställe stehen leer. Und doch will ich jubeln, weil Gott mich rettet, der Herr selbst ist der Grund meiner Freude! Ja, Gott, der Herr, macht mich stark; er beflügelt meine Schritte, wie ein Hirsch kann ich über die Berge springen.» (Hfa)

«Jedes Werden in der Natur, im Menschen, in der Liebe muss abwarten, geduldig sein, bis seine Zeit zum Blühen kommt.»
Dietrich Bonhoeffer

han-deln

für Gott

KAPITEL 5

Im Januar 1982 streifte ein Linienflugzeug beim Start vom Flughafen eine Brücke, die Washington D.C. von Virginia trennt, und landete daraufhin im eisigen Potomac-Fluss. Eine Menge bestürzter Beobachter sammelte sich am Ufer an und schaute abwartend zu. Plötzlich brach ein Mann aus der Menge aus und tauchte in den Fluss voller Eis, um eine Frau vor dem Ertrinken zu retten.

Dieser Mann wagte es, zu handeln. Er ging ein Risiko ein. Seine Handlungsweise wirft eine Frage auf: Warum standen die anderen nur da und schauten zu? Sie machten sich doch bestimmt auch Sorgen um die ertrinkende Frau. Aber wie man hier sieht, muss Sorge oder Leidenschaft auch mit Risikobereitschaft verbunden sein, um zu handeln, etwas zu wagen oder die Angst überwinden zu können. Den Glauben, dass sich etwas ändern kann. Gerade auch durch das eigene Handeln.

Der aufmerksame Leser greift sich jetzt kurz an den Kopf. Gerade hieß es doch, dass man warten soll. Auf Gottes Eingreifen, sein Wirken, sein Handeln. Und nur ein Kapitel später meint der blonde Pastor: Glaube und handle danach? Liegt das daran, dass er blond ist und schon vergessen hat, was er in Kapitel 4 geschrieben hat?

Ich gebe es zu, auf den ersten Blick sieht das alles wie ein Widerspruch aus. Ist es aber nicht. Vielmehr geht es hier um eine weitere Facette, wie der Glaube an Gott funktioniert.

Dein Glaube und das Erwarten, dass Gott etwas tut, drücken sich nicht nur im Warten aus, sondern auch im Handeln. Die Grenze zwischen dem im vorigen Kapitel erwähnten aktiven Warten und dem Handeln ist dabei fließend und kann in der Praxis nicht immer getrennt werden. Ist ja auch gar nicht nötig.

Eleanor Roosevelt sagte einmal zu einem Freund: «Du musst die Dinge tun, die du nicht tun kannst.» Die Bereitschaft, ein Risiko einzugehen, setzt die Begeisterung des Träumenden und des Glaubenden voraus. Ohne die wird er ins Stocken geraten.

Du und ich brauchen den Mut, die Spurrillen des Üblichen und der Normalität in unserem Leben zu verlassen und mal tüchtig auszuscheren. Ein himmlischer Spaß! Es gilt, nicht mehr zu denjenigen zu gehören, die «verdammt in ihrer Mittelmäßigkeit» inmitten ihrer Routine dahinvegetieren.

Das Abenteuer ruft

Wenn du auf etwas hoffst, dir Gottes Eingreifen von Herzen wünschst, hast du ein klares Ziel vor Augen. Und jemand, der sich von, mit und durch Gott klare Ziele gesetzt hat, fasst den bewussten Entschluss, die Spurrillen des Gewöhnlichen zu verlassen. Damit einher geht auch eine große Portion Risikobereitschaft. No risk, no fun!

Ohne ein Risiko einzugehen, wird sich der Traum, der in dir schlummert, nie erfüllen! Und darum musst du hier und heute eine Entscheidung treffen, und die geht so: Raus aus dem gewohnten Umfeld und hinein in ein neues Abenteuer mit viel Ungewissheit, Bibbern und weichen Knien auf der einen und wenig Sicherheit auf der anderen Seite! Bist du dazu bereit?

Als wir uns den Traum vom eigenen Gebäude auf die Fahne geschrieben hatten, hieß das für mich: Aktiv werden, obwohl noch fast nichts klar war. Es ist doch sehr unangenehm, Leute für Geld zu fragen, wenn noch nicht mal ein Plan für das Gebäude besteht.

«Wie das Gebäude aussehen wird? Ähh... tja ... das wissen momentan nur Gott und der Zeichner.» Aber eben, damit der Zeichner in die Gänge kommt, muss erst mal Kohle rüberwachsen, sonst bewegt der den Bleistift keinen Millimeter weit.

Zu diesem Zeitpunkt bestand das Risiko, dass aufgrund meines Engagements Leute Geld spenden und das Gebäude dann doch nicht gebaut wird, weil die Pläne zwar nice sind, aber es dann nicht möglich ist, diese so umzusetzen. Angenehm war das nicht. Ich musste mich überwinden, aus der gewohnten Kirchenspur und in die Gänge kommen. Dazu eine kleine Geschichte:

Eines Tages backte eine Hausfrau einen Fisch. Sie war dabei gewohnt, immer die hintere Hälfte des Fisches abzuschneiden. Dies tat sie schon seit Jahren so.

Eines Mittags fragte ihr Sohn sie deshalb: «Mama, warum schneidest du eigentlich immer den hinteren Teil des Fisches ab?»

Die Mutter überlegte und antwortete: «Ich weiß es nicht. Meine Mutter hat es schon immer so gemacht. Ich werde sie mal fragen, warum sie das tut.»

Als dann die Mutter der Mutter zu einem Essen eingeladen war, fragte die Tochter der Mutter: «Mutter, warum schneidest du jeweils die hintere Hälfte des Fisches weg?» Die Mutter der Mutter überlegte und sagte: «Ich weiß es eigentlich gar nicht. Das habe ich so von meiner Mutter gelernt. Ich dachte, die weiß, was sie macht.» An Weihnachten war es dann so weit. Die ganze Familie war zusammen, die Mutter, die Mutter der Mutter, und die Mutter der Mutter der Mutter.

Der Sohn sagte: «Da wir nun alle zusammen sind, meine Mutter, die Großmutter und die Urgroßmutter, hab ich da mal eine klitzekleine Frage: Warum in aller Welt schneidet ihr immer die hintere Hälfte des Fisches ab?»

Daraufhin erhob sich die Urgroßmutter und erklärte: «Ich schnitt immer die hintere Hälfte des Fisches ab, weil meine damalige Pfanne zu klein war.»

Das war also das Geheimnis, das dazu führte, dass mehrere Generationen eine Tradition gedankenlos weiterpflegten.

... und Action, bitte!

Auch wir tun viele Sachen nur noch aus Tradition und überlegen dabei gar nicht mehr, warum und weshalb wir es tun. Darum fällt es uns auch so schwer, die Spurrillen des gewohnten Lebens zu verlassen. Doch wenn du deine Wünsche und Träume in Erfüllung gehen sehen willst, dann musst du wissen: Das Ganze kostet dich einen Preis. Große Träume sind keine Ladenhüter mit Aktionsschild. Sie sind nicht verbilligt zu haben. Sie brauchen Menschen, die willig sind, Risiken einzugehen und sich für eine Sache zu begeistern und sich dafür einzusetzen.

Der Preis ist heiß. Und er wird bei jedem anders aussehen. Denn der Glaube und das Handeln verlangen je nach Situation etwas völlig anderes. Für den einen mag es heißen, das Kinderbett anzuschaffen, obwohl schon seit einer gefühlten Ewigkeit eine Schwangerschaft ausbleibt. Für den anderen heißt es, den sicheren und gut bezahlten Arbeitsplatz zu kündigen. Solche Schritte brauchen Überwindung, und – wenn es hoch kommt – richtig fett Mut. Der Mut führt zu einer Handlung. Diese wiederum zeigt Gott: «Hey Großer, ich bin heiß wie Frittenfett. Es kann losgehen!»

Ein anderer spart sein Urlaubsgeld, damit er genügend Geld zur Verfügung hat, um seine Hochzeit zu planen. Obwohl eine Partnerin in weiter Ferne ist. Wahrscheinlich, weil die dauernd im Urlaub ist.

Eine andere Person schreibt jeden Tag einen Brief an die Schwester, die vor Jahren jeglichen Kontakt zur Familie abgebrochen hat und einen auf Eiszeit macht.

Solches Handeln wirkt leicht verrückt und ist doch gleichzeitig sehr mutig. Denn in diesem Handeln steckt ein großes Tortenstück Glauben, dass sich über kurz oder lang etwas ändern wird. Und bis sich was ändert, bring ich mal Action an den Start. Das, was ich kann. Ohne etwas über den Zaun zu brechen.

Eines Tages lief Jesus an den Zoll. Dort sah er dem Zolleintreiber Matthäus (damals noch Levi) in die Augen und sagte zu ihm: «Komm, folge mir nach!» – Sofort stand dieser auf, ließ alles stehen und liegen und kam der relativ klaren Aufforderung nach (so erzählt in Lukas 5,27ff.).

Hut ab schon mal, Mister M! Matthäus ließ alles Gewohnte in seinem Leben liegen, für das er jahrelang geschuftet hatte, und folgte Jesus nach. Er verabschiedete sich von seinen Homies auf der Arbeit, von Mama und von seiner Schildkröte. Die Aussichten? Er hatte keinen blassen Schimmer. Ganz schön mutig und definitiv verrückt. Er verließ die Spurrillen seines normalen und gewöhnlichen Lebens.

Er drückte mit seinem Handeln Glauben und Entschlossenheit aus, dass etwas Außergewöhnliches mit diesem Jesus passieren würde. Eine Sensation lag in der Luft. Keine Ahnung, inwieweit er sie schon roch. Aber er wollte ein Teil des Abenteuers von und mit Jesus sein.

Weil er an Jesus und eine große Sache glaubte, war er bereit, Abschied von seiner Schildkröte zu nehmen. Und – ich fantasiere hier ein wenig – Schilti war bis zu diesem Zeitpunkt womöglich die Liebe seines Lebens.

Pack den Füller bei den Hörnern

Was wird sich als Erstes ändern müssen, wenn du mit Schmackes und ernsthaften Absichten dem christlichen 08/15-Leben den Rücken kehren willst? Zuallererst musst du deinen Gedanken die Sporen geben und neue geile Ziele stecken. – Danach tust du gut daran, diese schriftlich zu formulieren. Denn was man vor Augen hat, geht nicht so schnell vergessen.

Aufschreiben? Dass ich nicht mehr krank sein möchte? Dass ich endlich finanziell besser über die Runden komme? Dass wir endlich als Kirche ein Gebäude haben? Das ist doch klar wie Kloßbrühe. Und Gott weiß ja eh Bescheid.

Das stimmt. Gott braucht dein Gekritzel nicht. Aber schwarz auf weiß hilft *dir*. Du wirst es merken, wenn du es tust. Plötzlich wird der Wunsch konkret. Fassbar. Greifbar.

Ich habe neben meinem Bett ein paar Bilderrahmen drapiert. Darin enthalten sind mein ehrenwertes Gekritzel und auch Zeichnungen, die eher an einen Neunjährigen erinnern als an einen erwachsenen Pastor. Aber das ist egal. Denn klar ersichtlich stehen da Dinge, nach denen mein Herz sich sehnt. Dinge, die mir zum Teil richtig Schmerzen bereiten, da sie weiter weg scheinen als Pluto. Nicht der Hund, der Planet.

Was denkst du, wie es sich angefühlt hat, zwanzig Jahre neben einem Bilderrahmen aufzuwachen und auf die Worte «Eigenes Gebäude für das ICF inkl. fantastischen Kinderräumen» zu starren. Sehr unangenehm. Sehr lange. Aber dafür sehr konkret. Und konkret ist krass kilfreich. Öhm. Hilfreich, meine ich.

Und by the way: Wenn es schon mal aufgeschrieben ist und Gott dann seinen mächtigen Arm in Schwung bringt, habe ich sofort eine perfekte Erinnerung. Und anstatt zu starren, wird dann jeden Morgen gefeiert! Ohne Alkohol.

Dieser Bilderrahmen mit dem Text an meinem Bett erinnerte mich daran, jeden Tag aufs Neue zu glauben, zu hoffen, zu warten und zu handeln. Etwas zu tun, um dem großen Wunsch etwas näherzukommen.

Von wem ich das gelernt habe – das mit dem Schreiben? Also, grundsätzlich hab ich meine Schreibkunst meiner Erst-Klass-Lehrerin zu verdanken. Aber meine Wünsche aufzuschreiben, das hat mich der große Schreibermeister Habakuk gelehrt. Der hatte das intus wie eine Flasche Sekt. Der schrieb und handelte – und handelte und schrieb. Habakuk, großartig!

Wenn du wirklich an von Gott geschenkten Träumen und Visionen arbeitest, wirst du erleben, dass Gott selbst seine Schleusen für dich öffnet. Er wird dich mit Kraft und Energien überfluten.

Auf diese Weise werden ungeahnte Arbeitskräfte sowie die nötige Begeisterung freigeschaufelt. Los von Rom!

Es ist kein Geheimnis, dass Menschen, die große Ziele erreichen, auch hart für diese arbeiten. Leiterinnen, Leiter und Führungspersönlichkeiten arbeiten immer mehr als der Rest der Gesellschaft. Harte Arbeit ist definitiv einer der Schlüssel zum Durchbruch.

Toller Nebeneffekt für alle Malocher: Sie haben gar keine Zeit mehr, sich in unnötigen Sorgen zu verstricken.

Wenn wir nach einem von A bis Z gefüllten Arbeitstag wie ein Stück Blei ins Bett plumpsen, werden wir schlafen wie ein Baby. Einfach ohne Daumen im Mund. Hoffentlich. Und am nächsten Morgen werden wir glücklich, voller Tatendrang und fit wie ein Turnschuh erwachen, um unsere von Gott gegebene Aufgabe weiterzuführen.

Überschlage die Kosten

Robert Schuller berichtet in einem seiner Bücher von Walt Disneys Traum, einen Zeichentrickfilm in Spielfilmlänge zu produzieren. In den dreißiger Jahren hatte noch niemand ernsthaft an ein solches Vorhaben gedacht.

Disney jedoch begann, an «Schneewittchen und die sieben Zwerge» zu werkeln. Um die 750 Künstler zu engagieren, die nötig waren, um den Film in die Tat umzusetzen, gab Disney am Ende beinahe 1,5 Millionen Dollar aus. Weitaus mehr, als zig andere berühmte Filme kosteten. Dies ist umso erstaunlicher, wenn man bedenkt, dass es in den Jahren nach der Weltwirtschaftskrise eigentlich undenkbar war, so viel Geld für einen einzigen Zeichentrickfilm zu verwenden.

Nachdem crazy Walt mit der Produktion angefangen hatte, wurde der Kinofilm «Schneewittchen und die sieben Zwerge» der begeisterten Kritik vorgestellt und schließlich vom Publikum abgefeiert. Schneewittchen is'n Hit!

Der Erfolg von Schneewittchen war der Grundstein für die folgenden Disney-Filme, für Disneyland und alles, was das Erbe Disneys ist und noch sein wird. Crazy cool, was sein Traum ihm einbrachte, als er sich an seine Umsetzung machte.

- Welchen Traum hast du?
- Hab keine Angst, ihn anzugehen.
- Gib Gummi!

Ich liebe die Entschlossenheit von Walt Disney. Sie ist für mich eine der größten Inspirationsquellen für mein eigenes Leben.

Vor unserer Hochzeit machten Susanna und ich einen Spaziergang im Mondschein. Als wir uns unsere gemeinsame Zukunft vorstellten, gaben wir uns gegenseitig ein Versprechen, das bis zum heutigen Tag unserem offiziellen Eheversprechen zugrunde liegt.

Wir versprachen uns: «Wir werden für den Rest unseres Lebens zusammenbleiben. Was auch immer geschieht. Punkt.» – Dieses Versprechen ist der Kern, der uns hilft, unseren Ehetraum zu verwirklichen.

Kein großer Traum wird im Leben Wirklichkeit, wenn nicht die entsprechende Entschlossenheit dahintersteht. Entschlossenheit bringt den Träumenden dazu, am Traum festzuhalten und großen Glauben aufzubringen. Auch dann, wenn die Kacke am Dampfen ist. Und das wird sie bestimmt.

Mach mal halblang

Was soll das mit den ganzen Träumen und dem Glauben?

Mein Kind ist seit Jahren krank.

Mein Mann hat mich verlassen, und ich gehe seither alleine durchs Leben.

Seit Jahren bin ich arbeitslos und weiß nicht, wie mir geschieht. Was soll ich hoffen?

Wovon träumen?

Ich halte meinen Glauben an Gott gerade so aufrecht. Für Träume fehlt mir definitiv die Kraft.

Es ist nicht einfach. Definitiv nicht. Gerade dann, wenn ein Hurrikan durchs fragile Leben fegt. Du hast jahrelang gekämpft wie ein Stier. Gewartet, geglaubt, gehofft. Und unterwegs ist dir die Puste ausgegangen. Und mit ihr lässt die Glaubenskraft nach.

Ich möchte dir mit folgendem Vers neuen Mut einhauchen:

Matthäus 12,10: «Das geknickte Schilfrohr wird er nicht abbrechen und den glimmenden Docht nicht auslöschen. Er wird das Recht schließlich zum Sieg führen.» (Hfa, Zitat aus Jesaja 3)

Du hast Glauben. Da ist etwas. Denn sonst hättest du die Seiten dieses Buches schon lange geraucht oder sie zu Papierfliegern verarbeitet.

Und diesen Glauben wünscht sich Gott. Mehr nicht. Gib das, was du hast. So oft WOLLEN wir für das Monsterwunder glauben. Aber oft ist nur Glauben da, um den nächsten Tag irgendwie zu überstehen. Mehr nicht.

Und das ist voll in Ordnung. Dann glaube genau das. Denn automatisch wird sich dieser kleine Glaube in kleinen Taten ausdrücken.

Und Gott wird zu seinem Wort stehen, dass dir «nach deinem Glauben geschehe». Und der Glaube wird wachsen. Jeder hat klein angefangen. Das mit dem «Berge verschieben», das heb ich mir auch für später auf. Gott gibt uns die Zeit zum Wachsen. Gott wünscht sich ein ehrliches und offenes Herz. Ein Herz, das Luft bekommt, weil es so sein darf, wie es ist.

Habakuk hat Gott sein Herz und seine Fragen ausgeschüttet. Er hat einen auf FKK gemacht und sich vor Gott nackig präsentiert. Weil er keine Angst hatte, dass Gott ihn ablehnt.

Du darfst so sein, wie du bist. Darfst so glauben, wie du glaubst. Hab keine Angst, Gott deine Ängste, Schwächen, deinen Unglauben und deine Fragen mal vor die Füße zu knallen. Es haut ihn nicht aus den Socken. Er kennt sie alle schon.

Wenn wir ehrlich vor Gott werden, passiert etwas Außerordentliches: Es befreit, es verschafft uns Luft zum Atmen und macht locker. Und locker ist lecker. Und wir merken, dass Gott uns nicht anklagt, sondern liebt. Ohne Bedingungen.

Und wenn wir mit dem Glauben, den wir aufbringen, einen Schritt gehen, werden Dinge passieren. Oder Nena würde singen: Wunder geschehen. Vielleicht erst kleine, aber es wird mehr. Wenn an den glimmenden Glauben Luft herankommt, entsteht ein Feuer, das brennt und brennt und immer weiter brennt …

Es gibt eine Pinienart, die in einem öden, unwirtlichen Klima in der Sierra Nevada weit über tausend Meter über dem Meeresspiegel beheimatet ist und alle Rekorde schlägt, was Entschlossenheit betrifft! Die ältesten dieser Pinien, die man bislang entdeckt hat, sind über viertausend Jahre alt. 4000! Da kann nicht mal der Vater aller Großväter und Ötzis, der olle Melchisedek, mit seinen 969 Jahren mithalten.

Die Bäume wachsen auf flachem Kalksteinboden, wobei der durchschnittliche Niederschlag in einem Jahr mickrige 25 Zentimeter beträgt. Sie bieten sengender Hitze im Sommer und bitterer Kälte im Winter die Rindenstirn und trotzen den starken Winden, denen sie ausgesetzt sind. Durch die Winde erhalten sie ihre bizarren Formen.

Erstaunlicherweise ergeht es jedoch den Pinien am raueren Südhang besser als denen am scheinbar günstigeren Nordhang. Feuchte Schneedecken auf dem Nordhang lassen die Pinien wachsen, aber gleichzeitig entstehen dort auch Organismen, die die Bäume angreifen. Auf dem trockeneren Südhang hingegen wachsen die Pinien langsamer. Dadurch wird ihr

Holz sehr harzig, was Insekten und Fäulnis abhält. Die Bäume, die zusätzlichen Schwierigkeiten ausgesetzt sind, leben sogar länger.

Was will ich damit sagen? Dort, wo es Probleme gibt, ist trotz allem ein gutes und gesundes Wachstum möglich. Allerdings müssen wir uns bewusst dafür entscheiden und uns aufmachen – trotz Stürmen, Hitze und Frost –, mit ganzem Herzen das zu tun, was Gott von uns will. Aye, Captain!

DER GLAUBE HANDELT, DAMIT ETWAS GESCHIEHT

1776 schrieb Thomas Paine, ein Held der amerikanischen Revolution, über die hohen Kosten des Traums von der Freiheit: «Was wir zu billig bekommen, schätzen wir gering.» Damit trifft er ins Schwarze! Jeder Traum, der sich erfüllen wird, hat seinen Preis.

In Lukas 14,28 lesen wir: «Angenommen, jemand von euch möchte ein Haus bauen. Setzt er sich da nicht zuerst hin und überschlägt die Kosten? Er muss doch wissen, ob seine Mittel reichen, um das Vorhaben auszuführen.» (NGÜ)

Denken wir an Kolumbus zurück, der sich aufmachte, um die äußersten Grenzen seines Traums zu erforschen: Über die Grenzen aller Land- und Seekarten hinaus schipperte er in der Weltgeschichte herum und hatte wohl Angst, dass er eines Tages über die Erdkante hinaussegelt.

Als er und seine Mannschaft über den «Rand der Weltkarte» hinaussegelten, mussten sie einen völlig neuen Kurs einschlagen, nicht ahnend, ob da überhaupt mal wieder Land kommt.

Eine schräge Vorstellung. Der Junge hatte wirklich Mut. Oder eine Mutter im Rücken, die gesagt hat, ohne frische Ananas bräuchte er gar nicht erst zurückkommen. Hätte Kolumbus sich entschlossen, auf Nummer sicher zu gehen, wäre sein Lebenstraum niemals wahr geworden. Und seine Mutter hätte ihn verprügelt.

Wenn wir nur die bequeme Sicherheit wählen, werden wir hinter unseren Träumen zurückbleiben, weil wir uns hinter ihnen verstecken, anstatt voranzuschreiten und die Richtung vorzugeben.

Achte darauf, wenn verantwortungsbewusste Vorsicht zur andauernden Vorsicht wird, deren Ziel nicht darin besteht, den Traum zu bewahren, sondern dem Träumenden seine Bequemlichkeit zu garantieren. Diese Art Vorsicht verwandelt sich schnell in Verzögerung und wird somit zu einer Sackgasse für jeden Traum. Au Backe!

Das Wesen von Glauben ist Risiko, nicht Vorsicht

Der Glaube handelt,
damit etwas geschieht,
die Vorsicht beobachtet, was geschieht.
Der Glaube tritt der Furcht in den Allerwertesten.
Er ist das ideale Gegenmittel.
Er gehört in jeden Warenkorb,
wenn du mal wieder etwas
im Himmel bestellen willst.

Man kann unmöglich gleichzeitig von Angst und Vertrauen beseelt sein. Ich hörte einmal, wie eine Mutter ihrer dreijährigen Tochter vor einem Süßigkeiten-Automaten erklärte: «Du musst den Groschen weggeben, damit du den Kaugummi bekommst.»

Du und ich können nicht gleichzeitig an der Angst festhalten und zuversichtlich in die Zukunft schreiten. Es gehört zum Glauben, Risiken einzugehen. So wie die blonden Haare zu Dieter Bohlen gehören.

Die Bibel sagt uns, wie wir mit Angst umgehen sollen: «Denn Gott hat uns seinen Heiligen Geist gegeben. Und das ist kein Geist der Angst, sondern ein Geist, der uns mit Kraft, Liebe und Selbstüberwindung erfüllt» (2. Timotheus 1,7).

Dieser Geist bewirkt, dass wir in dieser manchmal düsteren Welt unseren Weg mit Gott gehen, so wie in folgenden kurzen Begebenheiten beschrieben:

- Während einer schlimmen Trockenzeit versammelten sich die Dorfbewohner, um für Regen zu beten. Aber nur ein kleiner Junge kam mit einem Regenschirm. Das ist geistgewirkter Glaube.
- Wenn du ein Baby in die Luft wirfst, dann lacht es, weil es sicher ist, dass du es auffangen wirst. Das ist geistgewirktes Vertrauen.
- Jeden Abend, wenn wir ins Bett gehen, stellen wir den Wecker, ohne dass wir sicher sind, wieder zu erwachen. Das ist geistgewirkte Hoffnung.
- Jedes Jahr planen wir große Dinge für das kommende Jahr, ohne die Zukunft zu kennen. Das ist geistgewirkte Zuversicht.
- Wir sehen das Leid der Welt, aber wir heiraten und haben Kinder. Das ist geistgewirkte Liebe.
- Auf dem T-Shirt eines alten Mannes standen folgende Worte: «Ich bin nicht wirklich 80 Jahre alt. Ich bin 16 Jahre jung mit 64 Jahren Lebenserfahrung.» Das ist die richtige geistgewirkte Einstellung, die bereit ist,

auch im Alter das Leben aktiv zu gestalten, und die sich nicht scheut, dafür auch den Preis zu zahlen.

TRIFF MUTIGE ENTSCHEIDUNGEN

Nachdem du und ich die Entscheidung getroffen haben, den Preis zu zahlen, um den gewünschten Traum zu erreichen, müssen wir das in unserem Leben abschneiden, was uns hindert, ans Ziel zu kommen. Echte Zielkonzentration bedeutet, dass wir bestimmte Dinge ungetan lassen, da uns zeitliche und menschliche Grenzen gesetzt sind.

Sag Nein zu allem, was dich unnötig von deinem Hauptziel ablenkt und dazu führt, auf Nebengleisen des Lebens sinnlos deine Energie zu verpuffen.

Wenn ich auf die Jagd gehe und zwei Kaninchen gleichzeitig sehe, so muss ich mich entscheiden, welches von beiden ich erlegen will. Du bringst nicht alles unter einen Jägerhut. William Pitt sagte: «Wenn ich so viele Dinge erreicht habe, so liegt es daran, dass ich immer nur eine Sache zur gleichen Zeit wollte.»

Vor mehreren Jahren half ich meinem Vater auf einer Baustelle aus, indem ich eine mit Steinen gefüllte Schubkarre über ein schmales Brett an den Ort ihrer Bestimmung schob.

Ein anderer Helfer, der die Schubkarre füllte, wollte mir Greenhorn eine reinbuttern und überlud die Karre dermaßen, dass ich auf dem schmalen Brett die Balance verlor und gemeinsam mit Schubkarre und deren Inhalt in einer morastigen Pfütze landete. Guten Appetit!

Von einer dreckigen Masse umhüllt, stand ich wieder auf und schluckte die aufsteigende Wut hinunter. Innerlich zeigte ich dem Füll-Profi 10.000 Stinkefinger. Aber den Gefallen tat ich ihm nicht. Ich blieb cool.

Dann bemerkte ich, wie ein Gedanke mit tausendfacher Lichtgeschwindigkeit durch meine Hirnwindungen schoss: «Nie wieder lasse ich mir die Schubkarre überladen!»

Inzwischen ist mir die überfüllte Schubkarre zum Lebensgleichnis geworden. Jeder Mensch schiebt seine Lebensschubkarre auf einem schmalen Brett vor sich her. Wir drohen alle bei Überladung in eine beklemmende seelische Tiefe zu stürzen.

Häufig ist meine Schubkarre mit vielen Fremdlasten – den unendlich vielen Problemen und Sorgen anderer Menschen – dermaßen angefüllt, dass mir deren Schwermuts-Balladen zu allen möglichen und unmöglichen Zeiten im Ohr klingen. Wenn dann noch diverse Termine und andere Dinge hinzukommen, kumuliert sich das zunächst in ein inneres unheilvolles Schwanken, bevor wir ausgepowert und asthmatisch aus dem letzten Loch pfeifend zusammenbrechen oder die Freude an einer eigentlich wunderbaren Aufgabe definitiv verlieren.

Unser Problem ist das Überangebot an Dingen, die wir alle auf unserer Lebensreise mit einpacken wollen. Wir haben ungefähr so viel Auswahl wie ein Ameisenbär vor einem riesigen Ameisenhaufen.

Balu-mäßig

Mein Tipp an dich: Nimm nicht jeden Auftrag an. Lass dir nicht alle Sorgen dieser Welt aufhalsen, und überschätze auf keinen Fall deine Lebenskraft! Ein Hund, der viele Hasen gleichzeitig jagt, fängt letztlich keinen einzigen.

Keiner von uns wurde geboren, um jedem alles zu sein. Wenn du und ich zu viel zu tun haben, dann hält uns das eindeutig davon ab, unser Allerbestes zu tun. Menschen, die zu viel anfangen und zu viele Visionen verfolgen, erreichen am allerwenigsten. Im Fokussieren liegt eine unbändige Kraft.

Und wenn du dann noch schöne Pausen einplanst, wirst du mit Freude und Elan ans Ziel kommen. Wer viel arbeitet, sollte auch viel feiern und genießen. Wie singt es Balu so schön: «Probier's mal mit Gemütlichkeit.» Die ist genauso wichtig wie die harte, fokussierte Arbeit.

Es war ein amerikanischer Schauspieler, der sagte: «Ich kenne den Schlüssel zum Erfolg nicht, aber der Schlüssel zum Versagen besteht darin, es allen recht machen zu wollen.» Es mag im ersten Augenblick manchmal so aussehen, dass unsere Aktivitäten von vielen Erfolgen gekrönt sind. Doch oft folgen darauf bittere Enttäuschungen.

Der Prophet Elia musste diese Erfahrung durchmachen. Die Königin Isebel ließ ihm ausrichten, dass er genauso sterben würde wie die Baalspriester, die durch ihn umgekommen waren. Obwohl Elia viel mit Gott erlebte, brachten ihn diese hingespuckten Töne aus der Fassung.

Er hatte gerade einen anstrengenden Tag hinter sich. Und so konnte er diese Drohung Isebels nicht mehr ertragen. Er lief weg. Doch Gott ließ ihn nicht einfach gehen. Er gab Elia vielmehr einen neuen Auftrag: Iss, schlaf, iss, schlaf, wandere ... Mit anderen Worten: Er führte Elia bewusst dorthin, wo er sich erholen konnte, und gönnte ihm seinen Balu-Moment.

Gott überfordert uns nie. Er kennt dich und mich in- und auswendig. Vergiss eines nicht: Du und ich können nicht alles tun, aber wir können *zusammen* etwas tun!

Aus diesem Grund ist es auch wichtig, dass deine Mitmenschen genau wissen, wofür du eintrittst und kämpfst und wofür nicht. Es ist kein Geheimnis, dass Menschen, die sich voll auf ein Ziel konzentrieren, viel erreichen.

Eines Tages sagte Josua, Moses Nachfolger, zum Volk Israel: «Wenn es euch aber nicht gefällt, [Gott] zu dienen, dann entscheidet euch heute, wem ihr gehören wollt: den Göttern, die eure Vorfahren jenseits des Euphrat verehrt haben, oder den Göttern der Amoriter, in deren Land ihr lebt. Ich aber und meine Familie, wir wollen [Gott] dienen» (Josua 24,15; Hfa).

So wie Josua das Volk Israel herausforderte, eine klare Entscheidung zu treffen, so müssen auch wir eine Entscheidung treffen, für was und für wen wir leben wollen. Dazu müssen wir das eine oder andere in unserem Leben abschneiden.

Als David anfing, seine Vision zu verlieren, wurde er anfällig für eine verheiratete, wohlproportionierte, hinreißende Dame namens Batseba, die er von seiner Terrasse aus beim Baden bewunderte. Er konnte seine Augen nicht von ihr lassen und sabberte nur noch unkontrolliert wie ein Straßenhund, der sein nächstes Fresschen entdeckt. Sein Visionsverlust, der Reiz eines hübschen Körpers sowie sein Hormoncocktail zogen ihn in den Strudel einer verhängnisvollen Affäre mit tödlich endendem Familiendrama. Nachzulesen im zweiten Buch Samuel. Tragisch.

Auch Simson verlor seine Vision und seine Salbung, als er anfing, hübschen Röcken nachzuschauen. Er wurde vom Glaubens- zum Lümmelheld. Es war Delila, die seiner Vision den entscheidenden Todesstoß versetzte. Mit ausgestochenen Augen den Mühlstein der Philister drehend, weinte er den Tagen nach, als er noch die starke Vision Gottes im Herzen trug.

Und auch die Erfolgssträhne eines gesalbten Eroberers und Visionärs namens König Saul wurde jäh unterbrochen, als er Gottes Auftrag die kalte Schulter zeigte. Sein trauriges Ende war somit vorprogrammiert.

Wer anfängt, seine gottgegebene Vision nur noch beiläufig oder leichtfertig auszuleben, setzt nicht nur sauviel aufs Spiel, sondern vermasselt womöglich sein Leben. Die Realisierung großartiger Ziele kommt nicht durch Bequemlichkeit zustande, sondern immer aus dem Bedürfnis heraus, etwas Großes für Gott zu bewirken und es mit Ausdauer anzupacken.

Henry David Thoreau sagte: «Wenn man sich vertrauensvoll auf seine Träume zubewegt und das Leben zu führen versucht, das man sich vorgestellt hat, dann wird man zu ungewöhnlicher Stunde unerwartetem Erfolg begegnen.» Nur ein Träumender, der sich voller Zuversicht und Begeisterung in die Richtung seiner Träume bewegt, kann bereit sein, sich emporzuschwingen.

Einmal wanderte ein Mann einer Bergkante entlang. Plötzlich rutschte er aus und fiel den steilen Abhang hinunter. Glücklicherweise konnte er sich gerade noch an einem kleinen Busch festhalten. Das bewahrte ihn davor, die angrenzende Felswand hinunterzustürzen.

Er versuchte sich hochzuziehen, aber da begann der Busch nachzugeben. Der Mann machte keine Bewegung mehr, hielt den Atem an und realisierte, dass er alleine nie wieder hochkommen würde.

So schrie er: «Hilfe!» Eine Stimme antwortete ihm:

«Ich bin's, Gott.»

«Gott, kannst du mir helfen? Alleine schaffe ich es nicht!», bat der Mann.

«Natürlich kann ich dir helfen. Du brauchst nur loszulassen, und ich fange dich auf.» Eine Weile war es ruhig, dann schrie der Mann von neuem los: «Gibt es da oben noch jemand anders, der mir helfen könnte?»

Der Mann konnte Gott nicht vertrauen. Er konnte sich nicht in seine Hände fallen lassen, obwohl das der einzige Ausweg war. Es ist nicht leicht, bewährte Strukturen und lieb gewordene Gewohnheiten loszulassen, doch ein «Sich-Festklammern» an der Gegenwart kommt für einen Träumer nicht in Frage. Er lässt sich in vollem Vertrauen in die guten Hände Gottes fallen und meistert dank ihm und mit ihm den im Herzen verankerten Traum. Auf geht's!

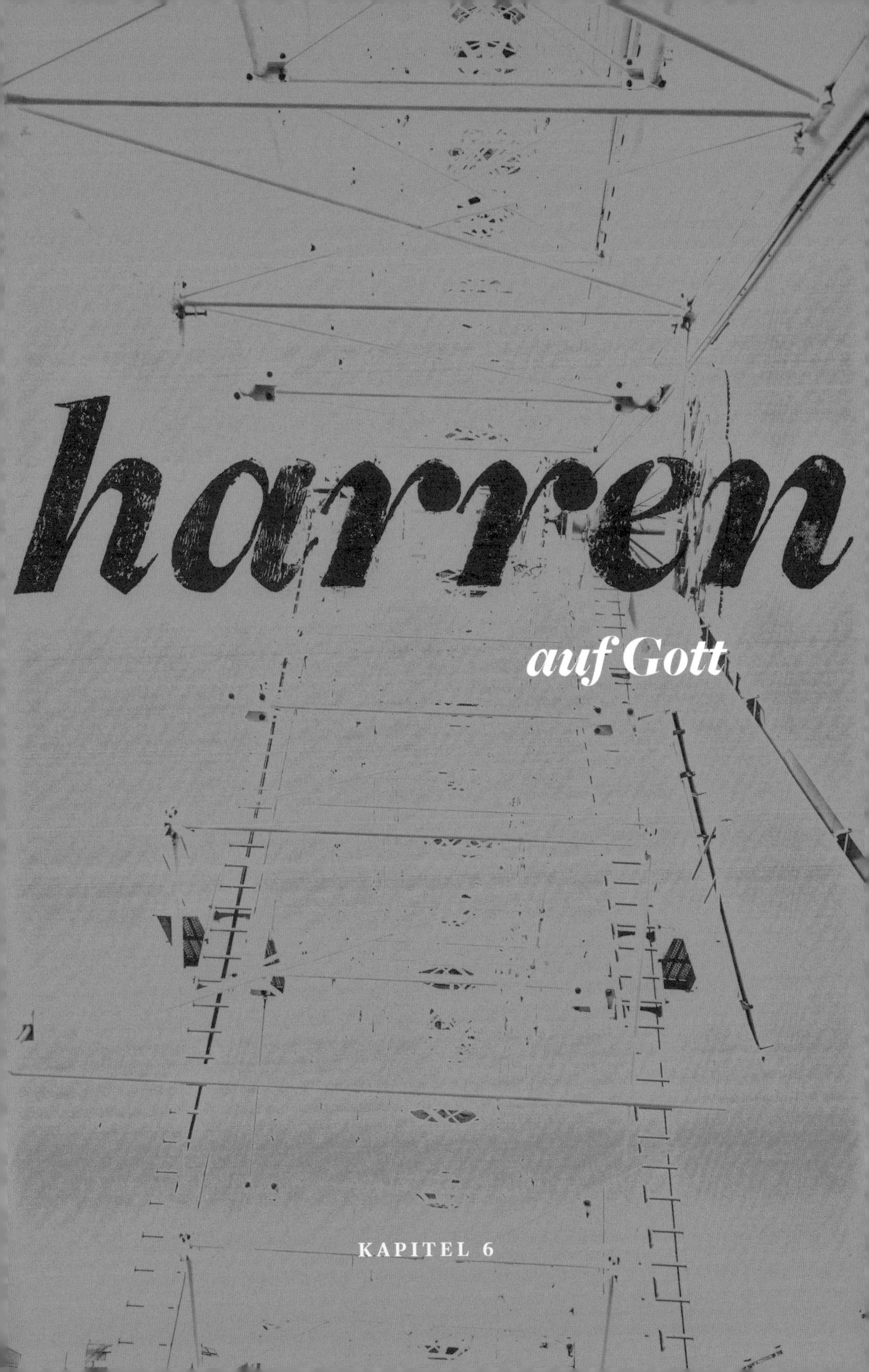

harren auf Gott

KAPITEL 6

Leider läuft es in unserem Leben nicht immer so, dass sich alle unsere Träume und Sehnsüchte schnell erfüllen. Dann und wann dauert die Sache etwas länger. Josef im Alten Testament musste durch Geduld und großes Leid erleben, wie sein Traum erst Jahre später Wirklichkeit wurde.

Um zu zeigen, wie es ihm erging, kannst du jetzt mal deine Flimmerkiste einschalten und den «Prison Channel» wählen. Du wirst um rund 3000 Jahre zurückversetzt. Klick-pfffft-zisch... und schon sind wir live dabei. Der Reporter kommentiert wie folgt über das Bild des schmächtigen Josef, der am ganzen Leib wie Espenlaub zittert:

Liebe Zuschauerinnen und Zuschauer, es ist unschwer zu erkennen, dass dieser junge hübsche Kerl, der da in einer dunklen Zelle verängstigt sein Dasein fristet, sich völlig verraten vorkommt. Seit einiger Zeit beobachten wir ihn, selbstverständlich nur durch eine versteckte Kamera: Josef wird von Angstattacken geritten. Wie Wellen überkommen sie ihn in regelmäßigen Abständen.

Doch warum leidet dieser Mann so sehr, wo er doch noch vor wenigen Tagen seinen großen Glauben proklamierte? Nichts schien ihm Furcht einflößen zu können. Bestimmt könnte man ... ah, Augenblick ... Josef beginnt gerade zu sprechen ...

«... habe ich dir doch vertraut! Warum muss gerade ich, der ich dir immer gehorsam war, das alles durchmachen? Warum, Herr, hast du mich ein zweites Mal in ein Loch werfen lassen? Ich verstehe dich einfach nicht! Gibt es dich überhaupt? Und wenn du wirklich existieren solltest, so zeige mir doch einfach mal, was das alles zu bedeuten hat. So eine Kacke aber auch!»

Tja, dem Josef sind offenbar die Worte ausgegangen. Ich würde sagen, der Typ befindet sich definitiv in einer äußerst heftigen Glaubenskrise.

Zisch..., bummm und klickklack! – Wir sind wieder back in the future!

Dabei sah es bei Josef lange Zeit danach aus, als ob es wieder bergauf gehen würde. Bei Potifar stieg er in kürzester Zeit zum Verwalter des ganzen Guts auf. Allem Anschein nach bewahrheitete sich der Traum, den Josef als Jüngling hatte, und er war auf dem besten Weg, zu einem einflussreichen und mächtigen Mann zu werden.

Und nun das: Weil er seinem Herrn und seinem Gott treu war, kam er ins Gefängnis. Frau Potifar hatte es auf Josef abgesehen und war spitz wie Nachbars brünftiges Kamel. Sachen gibt's. Sie baggerte an Josef rum und machte ihm die ganze Zeit schöne Augen und Komplimente und geizte kaum mit ihren Reizen.

Aber Josef wollte seine Treue zeigen und sagte Nein. Trotz tagelanger Anbiederei. Josef sollte dafür eine Medaille bekommen, aber stattdessen bekam er muffige Gefängnisluft zu schnuppern. Gerecht ist anders. Armes Schwein, Joe!

Wer kann es ihm verübeln, dass er das nicht verstand und für ihn wohl die göttliche Welt zusammenbrach. So schnell liest man in der Bibel über solche Sachen hinweg. Das war richtig hart. Knüppeldick. Zum Kotzen.

SCHLIMMER GEHT IMMER

- Wenn du auf eine Veränderung in deinem Leben wartest und hoffst.
- Wenn du sehnsüchtig darauf wartest, dass deine Situation endlich besser wird.
- Wenn deine Seele danach schreit, endlich Frieden zu finden.
- Und wenn es dann schlimmer statt besser wird, drehst auch du am Rad. Das kann ich dir garantieren.

Und Habakuk? Der hoffte auch, Gott würde vorwärtsmachen und endlich die Gottlosen bestrafen. Und Leute wie ihn, die Gerechten, wieder in den Segen stellen. Aber nein. Gott sagte: «Auch die, die jetzt noch im Land sind, werden ins Exil kommen. Egal, wie sie zu Gott stehen.»

Habakuk war wie vor den Kopf gestoßen. Und stinksauer. Auf Gott. Und ich kann ihn verstehen. Weil es ungerecht ist. Und Ungerechtigkeit geht mir mächtig auf den Senkel.

Josef wurde zu Unrecht angeklagt und ins Gefängnis geworfen.

Vielleicht hast du wie Josef Gott gehört, wie er mit dir sprach und dir Hoffnung schenkte. Für deine persönliche Situation. Du warst ermutigt und entschieden, die Sache anzupacken. Doch was dir wie ein herrlicher Traum erschien, führte schlussendlich in den Schlamassel. Und du hast nur noch Bahnhof verstanden. «Hä, Gott, ist das jetzt dein Ernst?»

Und zu allem Übel hast du nicht nur Gott nicht mehr verstanden, sondern dich hat auch niemand mehr verstanden. Nicht einmal mehr deine Angehörigen. Falls du das aus deinem Leben kennst, kannst du mit Josef und mir gemeinsam ein Liedchen trällern. Einen Blues in h-Moll. Und falls nicht, kannst du dir mal die ganze Josef-Story geben. Du findest sie im 1. Buch Mose in den Kapiteln 37–50. Harter Tobak! Und gleichzeitig doch auch wieder ermutigend, denn:

Selbst wenn der Traum in Josefs Augen gescheitert war, so war er bei Gott noch immer im Umsetzungs-Modus.

Josef durfte eine erstaunliche Erfahrung machen: Gott setzte sich weiterhin und trotz allem für seine Träume und seine Situation ein. Josef entdeckte zu guter Letzt, dass Gott ihn nie aufgegeben hatte. Auch nicht in den dunklen, stillen Zeiten, als alles aussichtslos schien. Gott hielt nach wie vor an dem fest, was Josef schon aufgegeben hatte.

Diese Wahrheit gilt auch für dich und für mich. Du kannst dich darauf verlassen, dass Gott immer für seine Träume und seine Träumer kämpft und dass Gott sich immer an seine Versprechen hält. Vielleicht hast du das Gefühl, dass er deinen Traum vergessen hat. Aber Gott verliert unsere Träume auch nicht für einen Moment aus den Augen.

Warten bei Verzögerung

Was tun, wenn die Erfüllung auf sich warten lässt? An dieser Stelle ist es gut, wenn wir uns folgende Tatsache vor Augen führen: Du und ich wissen nicht, was Gott weiß, denn Gott ist unabhängig von Raum, Zeit und unseren menschlichen Einschränkungen. Deshalb können wir nur begrenzt begreifen, wie Gott vorgeht.

Lass mich das mit einer erstklassigen Gleichung vertiefen, die an die Worte des deutschen Dichters Johann Peter Hebel erinnert:

Ich = Mensch = oft Kannitverstan
Er = Gott = immer Vollverstan

... und das Ganze hiermit noch biblisch untermauern:

Prediger 3,11: «Für alles auf der Welt hat Gott schon vorher die rechte Zeit bestimmt. In das Herz des Menschen hat er den Wunsch gelegt, nach dem zu fragen, was ewig ist. Aber der Mensch kann Gottes Werke nie voll und ganz begreifen.» (Hfa)

Als westliche Menschen, die stark vom griechisch-rationalistischen Denken geprägt sind, fällt es uns oft schwer, gewisse Dinge nicht verstehen zu können. So ist es oftmals eine demütigende Erfahrung für uns, wenn wir feststellen müssen, dass unsere Träume nicht einfach per Knopfdruck zur Realität wer-

den, obwohl sie eigentlich in unserem Verständnis durchaus Sinn machen würden. Aufgeschoben ist auf jeden Fall nicht aufgehoben.

Darum: Wenn Gott uns verborgene Träume schenkt, so wird er sie früher oder später auch sichtbar machen! So darf jeder, der an einem göttlichen Traum – egal, wie lange schon – festhält, letztendlich wissen, dass der Herr selbst um die Erfüllung besorgt sein wird. Er schaukelt dat Dingen nach Hause, hundertpro! Darum zahlt es sich aus, sich an die göttlichen Zusagen zu erinnern.

Denke nur nicht, dass Gott an dein Verstehen oder Nichtverstehen gebunden ist.

In 2. Petrus 3,9 heißt es: «Wenn manche also meinen, Gott würde die Erfüllung seiner Zusage hinauszögern, dann stimmt das einfach nicht. Gott kann sein Versprechen jederzeit einlösen» (Hfa).

Falls dein Traum mit der Zeit verloren gegangen ist, möchte ich dir auf den nächsten Seiten mit praktischen Schritten helfen, ihn wieder mit ein paar Herzstößen und Lungenpustern zu reanimieren.

Eines dürfen wir dabei nie vergessen: Jeder Traum hat seine Zeit. Wir haben bei Josef gesehen, dass er erst lange reifen musste, ehe er in der Lage war, seinen Traum zu leben. Wäre er als siebzehnjähriger, schnöseliger, hinter den Ohren grüner Aufschneider und in Sachen Diplomatie wahrlich noch nicht sehr versierter Jüngling zum Pharao gekommen, so hätte man ihm die Stelle als rechte Hand des Herrschers sicher nicht angeboten. Höchstens einen Besen zum Saubermachen.

Manche Träume brauchen eben eine bestimmte Erfahrung und Reife. Und um diese zu erlangen, braucht es Zeit und Umstände, die wir mit unserem menschlichen Verstand nicht begreifen können.

Wartezeiten bei Gott sind nicht sinnlos wie das Warten auf ein anständiges Fußballstadion in Zürich, das wohl in hundert Jahren noch nicht steht. Warten bei Gott, in Gott und mit Gott hat durchaus seine Berechtigung. Es ist dafür da, uns auf die Verwirklichung unseres Traumes vorzubereiten. Vielleicht geht dir aber Warten mächtig auf den Sack.

Sauer werden bei Verzögerung

Passiert ja eh nie was. Vielleicht soll sich auch gar nichts ändern. Vielleicht muss ich einfach mit dem Mist leben. Vielleicht ist der Traum von einer heilen und gesunden Familie ja nur mein ganz eigener Wunsch und nicht der Plan von Gott. Vielleicht muss ich ja alleine bleiben, weil mir keine Brusthaare wachsen und Frauen nun mal auf ein Pelzchen stehen, wenn sie schon keines anziehen dürfen.

Vielleicht ist diese tiefe Sehnsucht nach einer Änderung der Umstände ja nur da, damit ich Gott mehr suche. Vielleicht ist der Wunsch gar nicht von Gott. Vielleicht ...

Wer kennt das nicht, wenn lieb gemeinte Ratschläge einen in Mark und Bein treffen: «Vielleicht musst du einfach akzeptieren, dass du momentan krank bist. Dass du allein bist. Dass die Umstände so schwierig sind ...»

Diese gut gemeinten Ratschläge sind nicht das, was wir hören wollen, und sie haben extrem hohes Potenzial, einem mächtig auf den Zeiger zu gehen. Verzögerungen mag keiner. Niemals ... na ja ... nur vielleicht beim Sex, aber sonst kannst du die knicken.

Wenn du im Wartezimmer beim Arzt sitzt, und du kommst und kommst nicht dran, dann fragst du dich, was das für ein Saftladen ist und welcher Hobby-Praxisassistent den Betrieb organisiert. Warum kommen Leute, die nach dir gekommen sind, VOR dir dran? Was zum Kuckuck ist hier los! Ich bin JETZT dran. Ich habe ein Recht dazu, zum Arzt zu gehen und endlich gesund zu werden.

Wie ist dein Wartezimmer? Kommen andere vor dir dran? Und sind plötzlich verheiratet, gesund, zufrieden, und nur du hast wieder mal die Miesepeter-Karte gezogen? Alles verzögert sich bei dir, nur nicht bei den anderen. Ihr könnt mich mal.

Okay: Du darfst sauer werden, wenn andere vor dir drankommen. Aber bitte bei der richtigen Stelle. Nämlich bei Gott.

Wenn du gerne emotional sauer wirst und die Welt hinten und vorne nicht verstehst, wenn du die Verzögerungen und das Warten echt zum Kotzen findest: Lass es bei IHM raus. Aus welchen Gründen auch immer: Gott liebt es, wenn wir ihn suchen und ihm unser GANZES Herz ausschütten. Er steht auf Müll. Weil er ihn recycelt und daraus beste neue Ware schafft.

Falsch wäre es, wenn wir neidisch, sauer oder wütend auf andere Menschen werden. Das führt zu nichts. Aber bei Gott ist es etwas anderes. Die Psalmen sind voll davon, Gott den ganzen Mist vor die Füße zu knallen. Denn dort ist der Herr Müllberg am besten aufgehoben. Und wenn wir uns mal gründlich ausgekotzt haben, kommt unsere Seele zur Ruhe.

Betrachte deshalb die Wartezeiten nicht als verlorene Zeiten. Das Träumen ist gerade in den Momenten, in denen sich scheinbar nichts tut, ungeheuer wichtig. Gib deinen Traum nie auf, egal, wie lange die Warteschlange auch sein mag, in der du stehst. Ein Mensch, der von Gott einen Traum bekommen hat, lebt diesen unabhängig von den Umständen, die sein Leben begleiten. Und er handelt nach dem Motto:

Psalm 37,7: «Warte still und geduldig darauf, dass der Herr eingreift! Entrüste dich nicht, wenn Menschen böse Pläne schmieden und sie dabei auch noch Erfolg haben!» (Hfa)

Man benötigt einen großen Traum, um Jahre voller Rückschläge auszuhalten. Aber genau das ist eines der Kennzeichen von Gottes Träumern! Und egal, wie die Umstände um Menschen mit göttlichen Träumen gerade sind, sie leben sie mit der größten Geduld und halten dabei im Glauben an dem fest, was sie von Gott erhalten haben. Echte Träumer sind Menschen, die ganz praktisch um das wissen, was in Hebräer 11,1 (Hfa) steht:

«Der Glaube ist der tragende Grund für das, was man hofft: Im Vertrauen zeigt sich jetzt schon, was man noch nicht sieht.»

Halte betend an deiner Verheißung fest. Wenn sich etwas verschiebt, heißt es noch nicht, dass dies das Ende ist.

Der Bau der Samsung Hall, dem Zuhause von ICF Zürich, hat sich wirklich sehr, sehr lange hinausgezögert. Nicht ganz so schlimm wie beim Warten auf ein echtes Fußballstadion in Zürich oder auf einen voll funktionsfähigen Flughafen in Berlin, aber schon so lange, dass mir ein paar graue Haare gewachsen sind, die man aber glücklicherweise wegen meiner blonden Mähne nicht sieht.

Doch all die Jahre fiel es mir oft schwer, daran festzuhalten, dass wirklich alles gut kommt. Wir sagen das bei uns im ICF sehr oft: «Es kommt schon gut.» Und manchmal ist dieser Satz gefüllt mit Glauben – und manchmal mit ganz viel Unsicherheit und Floskelliebe, ergänzt mit einem klitzeklitzekleinen himmlischen Hoffnungsschimmerchen. Ein kleines Pflänzlein, das hoffentlich niemand zertritt.

Bei der Planung der Halle kam die eine Bewilligung nicht, gefolgt von

einem Problem und überlagert von dem nächsten. Dann war wieder alles zu groß (typisch für die kleine Schweiz) und durfte so nicht gebaut werden. Eins auf die Finger! Aua!

Dann hatten sich plötzlich die anderen Parteien wieder in den Haaren wegen irgendwelcher angeblicher Fehler. Es hörte einfach nicht auf. Und mit jeder schlechten Nachricht schwand meine Hoffnung.

Dabei spielt diese im Umgang mit den Schwierigkeiten und Möglichkeiten unseres Lebens eine erschreckend (und überraschend) große Rolle. Hoffnung verhilft zu besseren Leistungen, stabilerer Gesundheit, glücklicheren Beziehungen und zu mehr erfüllten Träumen. Hoffnung ist der Magnet, der uns zu unseren Träumen zieht. Ohne Hoffnung wird's richtig, richtig schwer.

«Wir können nicht kontrollieren,
was uns geschieht,
aber wir können kontrollieren,
was in uns geschieht!»

DAS KÜHLHAUS

«Ein Mann wurde abends aus Versehen in ein Kühlhaus eingeschlossen. Er wusste, dass bis zum nächsten Morgen niemand mehr kommen würde. Dies, so glaubte er, sei sein Todesurteil. Er hatte keine Hoffnung, die ganze Nacht lang bei solch extremer Kälte überleben zu können, schließlich hatte er nicht das Fell eines Eisbären und schon gar nicht die Kühlschrankqualitäten eines Pinguins. So schrieb er schweren Herzens einen Abschiedsbrief an seine Familie.

Am nächsten Morgen fand man ihn tot auf. Sein Tod war allen Beteiligten unverständlich. In der Nacht war die Kühlanlage ausgefallen, und eigentlich hätte er überleben müssen. Er war an seinem Glauben gestorben, keine Überlebenschance zu haben. Er hatte die Hoffnung aufgegeben und sich damit zum Tod verurteilt.» [3]

Unsere Aufgabe ist es, die Hoffnung mit Gottes Hilfe am Leben zu halten.

Der Schweizer Theologieprofessor Emil Brunner hat es mal treffend auf den Punkt gebracht: «Was der Sauerstoff für die Lunge, das bedeutet die Hoffnung für die menschliche Existenz.»[4]

[3] https://www.psychotipps.com/Hoffnung.html; Stand: 13.11.2018.

Ohne Hoffnung können wir nicht bestehen. Hoffnung ist mehr als Optimismus; Hoffnung ist mehr, als das zu bekommen, was man sich wünscht. Hoffnung bedeutet, an die Morgendämmerung zu glauben, noch während man von tiefster Dunkelheit umgeben ist.

Der verstorbene brasilianische Erzbischof Dom Hélder Pessoa Câmara sagte einmal zu dem Thema:

«Hoffen heißt, an das Abenteuer der Liebe glauben, Vertrauen zu den Menschen haben, den Sprung ins Ungewisse tun und sich ganz Gott überlassen.»

Träumer hoffen unbeirrbar, denn sie wissen: Wenn man alles versucht hat und am Ende des Seiles angekommen ist – dann bindet man einfach einen Knoten und hält durch. Ein Träumer weiß, dass derjenige, der hofft, allem gewachsen ist.

Römer 5,3–5: «Wir danken Gott auch für die Leiden, die wir wegen unseres Glaubens auf uns nehmen müssen. Denn Leid macht geduldig, Geduld aber vertieft und festigt unseren Glauben, und das wiederum stärkt unsere Hoffnung. Diese Hoffnung aber geht nicht ins Leere.» (Hfa)

Und der gute alte Friedrich von Bodelschwingh (1831–1910) legte zu seiner Zeit noch einen drauf und traf damit mitten ins hohe Eck:

«Christus steht nicht hinter uns als unsere Vergangenheit, sondern vor uns als unsere Hoffnung.»

So eine Hoffnung basiert nicht auf optimistischem Wunschdenken; vielmehr ist sie gegründet auf der festen Gewissheit, dass Gott treu ist. Unbeirrbare Hoffnung verlässt sich darauf, dass Gott uns immer ein großes Stück voraus ist, dass er bereits in der Zukunft ist und das Beste für uns bereithält.

Jeremia 29,11: «Denn ich allein weiß, was ich mit euch vorhabe: Ich, der Herr, habe Frieden für euch im Sinn und will euch aus dem Leid befreien. Ich gebe euch wieder Zukunft und Hoffnung.» (Hfa)

Oh, Mann, wie ich die Bibel, Gott und seine Hoffnung liebe!

Beten bei Verzögerung

Hast du in deinem Leben Hoffnung bezüglich deiner Träume? Gott hat für dich einen ausreichenden Vorrat. Du und ich müssen im Gebet zur Quelle dieser Hoffnung gehen und sie in Empfang nehmen. Gebet ist der Schlüssel in den Momenten, in denen unsere Träume auf die Probe gestellt werden. Gebet gibt uns wieder neue Hoffnung, zu glauben, dass bei Gott nichts unmöglich ist, egal, wie alt oder jung du bist. Und Gebet verwandelt, weil es die menschlichen Möglichkeiten überschreitet. Gebet bewirkt tatsächlich Wunder.

Der amerikanische Arzt Dr. Ben Carson, Kinder-Neurochirurg und Verfasser mehrerer hilfreicher Bücher, meint zu diesem Thema:

«Für einen Menschen ist Gebet die größte verfügbare Macht bei geistigen, körperlichen, finanziellen, emotionalen und geistlichen Problemen.»

Jeden Tag betet Ben Carson für seine Träume, weil er denjenigen erfahren hat, der die Kraftquelle für all seine Träume ist: Gott.

Eines Tages operierte er gerade einen Gehirntumor bei der vierjährigen Christine, als der Anästhesist plötzlich ausrief: «Herzstillstand!» – Ohne jedes Vorzeichen hatte Christines Herz aufgehört zu schlagen.

Vieles musste sofort unternommen werden, wenn sie Christine retten wollten: Man musste sie umdrehen, eine Luftzufuhr legen, den normalen Herzschlag wieder in Gang setzen und den Kreislauf wieder beleben, herzaktivierende Substanzen spritzen und chemische Unregelmäßigkeiten, die durch den Herzstillstand auftraten, ausgleichen. Alle verfügbaren Hände flogen hin und her. Man befestigte Elektroden auf Christines Haut, um ihr Herz wieder zu aktivieren.

Dr. Carson dachte: «Oh nein … wir werden sie verlieren.» Und während seine Hände schnell arbeiteten, betete er im Stillen: «Gott, ich weiß nicht, was hier vor sich geht und wie es dazu kommen konnte. Mach es wieder gut, Gott, bitte!»

Er hielt den Bruchteil einer Sekunde inne, bevor er Christine umdrehte. Und in diesem Augenblick begann ihr Herz wieder zu schlagen. Er sagte laut: «Danke, Gott! Ich weiß nicht, was passiert ist, aber du hast es wieder hingekriegt.»

Anschließend konnte das Team ohne Probleme weiteroperieren. Keiner wusste, was geschehen war, aber es war auch gar nicht so wichtig. «Was aber wichtig ist», schreibt der Arzt, «ist Folgendes: Ich bin überzeugt, dass Gott mein Gebet gehört hat und für die kleine Christine eingeschritten ist.»

Was für eine ermutigende Geschichte. Und wie eindrücklich zeigt sie die unglaubliche Kraft des Gebetes. Das motiviert mich brutal.

Hier einige praktische Vorschläge, wenn du beim Warten die Geduld für deinen Traum verloren und keine Hoffnung mehr hast, wie du mit Gebet deine Träume wiederbeleben kannst:

1. Halte dir jeden Tag fünf Minuten frei, in denen du für deine Träume betest, auch wenn du momentan das Gefühl hast, dass Gott dich nicht hört. Konzentriere dich zuerst nur auf Gott und dann auf deine Träume (in dieser Reihenfolge!). Dies macht dich offen für Gottes Erkenntnisse.
2. Erzähle Gott in deinen eigenen Worten von deinem Traum. Sprich mit ihm wie mit einem Freund. Frei Schnauze.
3. Bete immer wieder im Laufe des Tages. Bete im Auto, im Bus oder an deinem Schreibtisch. Auf dem stillen Örtchen, im McDonald's oder wenn deine Frau mit dir die drei «Sissi»-Filme schaut. Beten ist in diesem Fall definitiv interessanter. Finde ich. Sei dir auf jeden Fall bewusst, dass Gott neben dir arbeitet. Egal, wo du bist, du kannst dich jederzeit kurz mit Gott unterhalten. Je öfter du dies tust, desto besser wirst du Gottes Eingreifen in deinem Leben und für deinen Traum spüren.
4. Bitte nicht ständig um etwas, sondern danke Gott für alles: für kleine Siege, für Geduld, die du durch Rückschläge gelernt hast, für Vorschläge, die dich auf dem richtigen Weg halten, oder auch für ein unerwartetes Lächeln.
5. Bete für die Träume anderer. Wenn wir für andere beten, bewegen wir uns über uns selbst hinaus.
6. Bete darum, dass sich der Traum auf Gottes Weise erfüllt, weil dies der beste Weg ist.
7. Bete um eine Einstellung, die von Vertrauen auf Gott gekennzeichnet ist. Wenn du Gott deine Träume anvertraust, bekommst du neuen Mut und Zuversicht.
8. Bete für gesunde Beziehungen. Kranke Beziehungen blockieren unsere Kreativität, unsere Vorstellungskraft, unseren Mut zu Neuem und unsere Leistungsfähigkeit.

9. Bitte um Ausdauer. Träume scheitern meistens, weil man zu früh aufgibt. Nichts Großes ist jemals ohne Beharrlichkeit erreicht worden.
10. Bete mit anhaltender Begeisterung und mit einer Erwartungshaltung. Bete in der Überzeugung, dass Gott deine Gebete hört und sie beantwortet. Blicke auf die Verheißung. Jesus sagt: «Wenn euer Glaube nur so groß ist wie ein Senfkorn, könnt ihr zu diesem Berg sagen: ‹Rücke von hier nach dort!›, und es wird geschehen. Nichts wird euch dann unmöglich sein!» (Matthäus 17,20–21; Hfa)

Jahrelang trug ich den Wunsch in meinem Herzen, eine Kirche zu leiten. Als ich mit meiner Frau kurz nach der Hochzeit nach Zürich kam und anfing, in einer Kirche mitzuarbeiten, da dachte ich, dass sich nun mein Traum erfüllen würde. Doch anstatt zu predigen, durfte ich jeden Sonntag die Stühle aufstellen und die Leute begrüßen. Laaaaangweilig!

Das hatte nix mit meinem Traum zu tun. Darum sagte ich mir jedes Mal, wenn ich mir unterhalb der Kanzel eine Predigt anhörte: «Eines Tages wirst du auf dieser Kanzel stehen und diesen Hunderten von jungen Menschen das Wort Gottes saftig um die Ohren hauen.» Es dauerte jedoch länger, als ich es mir vorstellte. Aber ich wurde nicht müde, auf meinen Traum zu schauen. Dennoch brauchte es richtig fett Sitzleder und das Ausdauervermögen von Daniela Ryf, wenn sie den Ironman von Hawaii läuft.

Eines Tages hatten die Leiter eine Sitzung und stellten fest, dass an einem Sonntag niemand da war, um zu predigen. Schließlich kamen sie auf die Idee, mich anzufragen. Ich prüfte das Angebot bei tagelangem Fasten – natürlich nicht. Ich musste keine Sekunde überlegen. Vielmehr sah ich in dieser Gelegenheit den Start meines lang ersehnten Traumes. Und von dem Tag an begann sich mein Traum zu erfüllen: den Menschen auf möglichst neue, freche, frische Art das Evangelium zu verkünden.

Der Apostel Paulus schrieb den Philippern: «Ich bin ganz sicher, dass Gott sein gutes Werk, das er bei euch begonnen hat, zu Ende führen wird. [...] Er bewirkt ja beides in euch: den guten Willen und die Kraft, ihn auch auszuführen» (Philipper 1,6; 2,13; Hfa + Hfa 1983). Also Leudde: Jetzt gilt es, ganz doll an Gottes Verheißungen festzuhalten und uns in Erinnerung zu rufen, dass Gott unsere Träume nicht nur anregt, sondern auch zur Erfüllung bringen wird. Ganz egal, wie lange es dauert. «Boom Shakalaka!»

feiern mit Gott

KAPITEL 7

HABAKUK IST SAUER

Lydia erzählte mir, dass sie zum 8. Geburtstag alle ihre Freunde und Freundinnen eingeladen und ihre Mutter eine pompöse Wahnsinnstorte gebacken hatte. Leider kam trotz der Einladung nicht eine Person.

Warum ist niemand gekommen? Lydia hatte die Geburtstagseinladung mit einem kleinen Schreibfehler verschickt: «Es wird Tote geben», statt: «Es wird Torte geben.»

Oft denken wir, Gott produziere auch so klitzekleine, aber entscheidende Schreibfehler. Das heißt, seine Einladung an mich enthält auch Fehler. Zum Beispiel: «Gott liebt alle Menschen.» Aber eigentlich heißt es doch: «Gott liebt alle Menschen, außer mir.»

Oder: «Gott sorgt für mich.» Aber auch hier heißt es doch eigentlich in Tat und Wahrheit: «Gott sorgt für sich. In keinster Weise sorgt er sich um mich. Auf jeden Fall fühlt es sich so an. Es fühlte sich doch bis jetzt genau so an.»

Eines kann ich dir schwarz auf weiß versichern: Gott macht keine Schreibfehler! Gott hat Grammatik gebüffelt und sie zu hundert Prozent unter Kontrolle.

Der Punkt ist: Gottes Wege sind oft nicht unsere Wege, und Gottes Gedanken sind oft nicht unsere Gedanken. Seine Gedanken sind größer, weiter und tiefer, als wir uns das jemals vorstellen können. Eine total andere Liga.

Habakuk im Alten Testament lebte rund 600 Jahre vor Christus. Er war einer der zwölf kleinen Propheten. Er hatte Fragen an Gott, weil Gott gesagt hatte, er wolle sein Volk nach Babylon verschleppen lassen.

«Und was ist mit denen, die aufrichtig und ehrlich sind?», fragte Habakuk.

Gott erwiderte: «Alle! Auch die Gerechten.»

«Aber – das ist nicht fair!»

Als Gott Habakuk seinen Plan offenbart, fällt dieser aus allen Wolken und stürzt in eine Monster-Glaubenskrise. Im ersten Augenblick denkt er noch, er habe sich wohl verhört. Aber nein, er hat Gott schon richtig verstanden. Er dreht am Rad und fragt sich: Wieso um alles in der Welt macht Gott das?!

Das Schöne an dieser Geschichte: Ich fühle mich ein bisschen besser. Denn ich merke, ich bin nicht der Einzige, der Gott ab und zu nicht versteht. Diese Phasen scheinen dazuzugehören. Es ist also ganz normal und legitim, Gott mal auf die Finger zu klopfen und zu fragen: Warum um alles in der Welt und um alles im Himmel lässt du das zu?!

- Im Kapitel 1 im Buch Habakuk fragt sich der Prophet, warum Gott so unverständlich handelt und sich so assimäßig verhält.
- In Kapitel 2 wartet Habakuk auf das Eingreifen Gottes.
- Und in Kapitel 3, als immer noch große Flaute am Wunderhimmel herrscht, fängt er tatsächlich im tiefsten Loch an zu worshippen. Besagtes drittes Kapitel enthält einen sagenhaften Worship-Hit, geschrieben, eingesungen und produziert von Habakuk himself. Was Ed Sheeran kann, kann Habakuk selbstverständlich schon lange!

Wie kam er dazu? Wieso um alles in der Welt sollte man in der tiefsten Krise ein Loblied auf den Lippen haben? Erklär mir das mal einer!

Gut, ich habe auch schon einige Worship-Songs geschrieben. Keiner davon hat es auf eine Platte geschafft. Sie waren zu gut für diese Welt. Im Himmel laufen die wohl den ganzen Tag rauf und runter in der dortigen Hitparade. Stell ich mir zumindest mal so vor.

Denn eigentlich sind sie zumindest inhaltlich brillant. Weil ich sie verstehe. Und vielleicht ist das genau der Punkt. Sie haben was mit meiner Geschichte mit Gott zu tun.

Habakuk will uns mit seiner Happy-Worship-Session in der Depri-Zeit einige Dinge verklickern.

Erinnere dich daran, was Gott schon getan hat

Also, wenn ich sage: Gott ist groß, Gott ist gut, Gott ist gerecht, dann sage ich das nicht, weil Gott in einer Identitätskrise steckt, ihm das Geld für eine Selbsthilfegruppe fehlt und ich ihm stattdessen irgendwelche Mantras um die Ohren hauen muss. Es ist nicht so, dass Gott sagt:

«Ich bin megafroh, dass du mir sagst, dass ich toll bin.» Gott weiß, dass er heftig-deftig groß ist. Vielmehr sagen wir das, um *unserer* Seele und *unseren* Gefühlen das zu verklickern. Die vergessen das nämlich immer wieder und auch superschnell. So schnell wie die Fliege, die immer wieder in die Fensterscheibe donnert.

Steckst du tief in der Brühe, ist alles schwarz und negativ, und plötzlich glaubst du nicht mehr, dass Gott groß ist und Wunder tun kann. Habakuk wirkt dem bewusst entgegen und sagt oder besser singt (und vielleicht ist es auch nur ein Krächzen) in seinem Worship-Song in Habakuk 3,2: «Herr, von deinen Ruhmestaten habe ich gehört, sie erfüllen mich mit Schrecken und Staunen. Erneuere sie doch, jetzt, in unserer Zeit!» (GNB)

Das Wort «erneuern» bedeutet: Belebe mich wieder, stelle das wieder her, was ich unbedingt in meinem Leben sein möchte. Und um sich daran zu erinnern, haben sich die alten Israeliten Hilfsbrücken gebaut: Feste!

Anleitung zum Altarbauen

5. Mose 16,11+14: «Feiert in der Gegenwart des Herrn ein fröhliches Fest, zusammen mit euren Söhnen und Töchtern ... mit euren ... Nachbarn, mit den Ausländern und den Waisen und Witwen, die bei euch leben. [...] Du sollst fröhlich sein an deinem Fest, du und dein Sohn, deine Tochter ... der Fremdling, die Waise und die Witwe, die in deiner Stadt sind.» (Hfa, LB)

Gott sagt im Alten Testament: Kommt zu meinen Festen! Nicht nur, um Freunde zu treffen, mit ihnen abzuhängen, eine Flasche Wein zu öffnen und mal wieder ordentlich auf den Putz zu hauen und die Nachbarn mit Shololo-Gesängen morgens um vier Uhr zur Weißglut zu treiben.

Nein, es ging ihm vor allem auch darum, eine Botschaft zu vermitteln oder sie wieder ins Gedächtnis zu rufen: Aus Ägypten habe ich euch herausgeführt, als Sklaven. Ihr hattet nichts, und jetzt sind eure Schränke, eure Körbe, eure Erinnerungen voller Wunder.

Wir Menschen haben die saudumme Eigenschaft, Wunder immer wieder zu vergessen. Die Altäre im AT hat man nicht gebaut, um eine Sehenswürdigkeit für die asiatischen Touristen zur Verfügung zu haben, sondern sie wurden zur Erinnerung aufgestellt. An jedem dieser Orte hat Gott ein Ass aus dem Ärmel gezogen. Ein Wunder vollbracht. Es hieß:

«Wow, da hat Gott uns geheilt!»
«Da hat Gott eingegriffen!»
«Das ist die Güte von Gott!»
«Da ist Gott Jakob begegnet, dort Abraham: Das ist der Ort!»

Josua geht vor der Eroberung des verheißenen Landes mit dem Volk Gottes durch den Jordan.

Josua 4,1–3: «Nachdem das ganze Volk den Fluss überquert hatte, sagte der Herr zu Josua: ‹Wähle zwölf Männer, einen aus jedem Stamm. Lass sie von dort, wo die Priester stehen, zwölf Steine aus dem Flussbett holen, und an dem Ort aufstellen, an dem ihr heute Nacht lagern werdet.›» (NLB)

Gott sagt: «Nehmt zwölf Steine aus dem Jordan und türmt die auf der anderen Seite aufeinander.»

Whaaat!?! Wieso nimmt man Steine aus dem Fluss? Was bringt das? Ist es Gott langweilig, will er Jenga spielen?

Gott sagt zu Josua: «Wenn du und deine Kinder an den Steinen vorbeilaufen, werden sie fragen: ‹Alter, was macht dieser Stein da?› Und jeder Vater sagt: ‹Dieser Stein ist ein krasser Stein!› – ‹Vater, das ist nur ein Stein!› – ‹Nein! Es ist ein *krasser* Stein!›»

Dieser Stein im AT bedeutete: Mit nichts überquerten wir den Jordan. Gott hat uns bis hierher versorgt, er wird es auch in Zukunft tun.

Jeder Stein, jeder Altar ist ein Zeichen dafür: Was Gott einmal gemacht hat, wird er wieder tun. Die einen mögen das langweilig nennen. Ich nenne das treu. Konsequent. Göttlich.

Was ist «dein Stein» im Leben, der dich an ein Wunder von Gott erinnert? Oft erinnern wir uns nicht mehr an die Wunder, weil wir keinen Stein aufgestellt haben. So ein Mist aber auch! Es wird höchste Zeit, wie Obelix ein paar Hinkelsteine zu hauen und die in der Garage bereitzuhalten. Beim nächsten Wunder rammst du als Erinnerung den Stein dann in den Garten. Am besten in den eigenen. Außer, dein Nachbar mag auch Asterix & Co.

Auf jeden Fall ist es eine Katastrophe, wenn wir nicht realisieren, was Gott schon Großartiges in unserem Leben getan hat. Deshalb sag ich nur: Steine müssen her. Denn jedes Mal, wenn du darüber stolperst, wirst du dich an das Wunder erinnern.

Und Worship ist nichts anderes. Wenn Gott im Alten Testament Wunder getan hat bei Abraham, Mose, Esther, Ruth und all den Cracks, dann wird Gott auch in meinem Leben die Dinger platzieren. Durch Worship erinnern wir uns an die Größe Gottes, seine Wunder: die vergangenen, die gegenwärtigen und die zukünftigen.

Der Berg ruft

In diesem Worship-Song heißt es:

Habakuk 3,3: «Gott kommt von Teman her, der heilige Gott kommt vom Gebirge Paran. Seine Majestät überstrahlt den Himmel, sein Glanz erfüllt die ganze Erde.» (GNB)

Jetzt bringt Habakuk Berge ins Spiel. Für was sind die jetzt wieder gut, Pastor Leo? Tja. Jeder Jude erstarrte, wenn er dieses Lied hörte. Weil jeder Jude wusste, warum diese Berge so genannt wurden. Als die Israeliten durchs Rote Meer zogen und die Ägypter wenig später an gleicher Stelle ersoffen, stand das Volk von Gott in diesen Berglandschaften.

Und es war auch diese spektakuläre Berglandschaft, in der sie von Mose gesegnet wurden und er ihnen versprach, dass die Güte Gottes sie für immer begleiten würde.

Was Habakuk eigentlich in diesem Lied meinte: Wenn Gott uns aus Ägypten und aus dem Sklaventum herausgeführt hat – der erste Exodus –, wenn Gott das einmal gemacht hat und wenn wir jetzt nach Babylonien müssen, dann ist es wie in Ägypten. Dann wird derselbe Gott, der unsere Vorfahren aus Ägypten herausgeführt hat, uns auch aus Babylonien wieder rausholen. Das ist so sicher wie das Amen vom Hohenpriester nach der Andacht am Schabbes, Leute!

Beim Schreiben dieses Buches kam mir ein alter ICF-Clip in die Hände. Fünf Jahre, bevor wir in die Samsung Hall gezogen sind, bauten wir den alten Güterbahnhof in Zürich um, um ihn für unsere Celebrations zu nutzen. Was da an Vision und Leidenschaft in diesen Umbau gesteckt wurde! Die Botschaft des Films war: Wenn alle alles geben, ist alles möglich! Und warum sind wir heute nicht mehr dort? Das ist eine gute Frage.

Eigentlich ist genau das die Geschichte von Habakuk. Bevor wir umbauten, wollten wir auch auf Nummer sicher gehen und fragten die Stadt, wie lange wir dort bleiben dürften. Die Stadt meinte: *Fünf Jahre* könnt ihr dieses Gebäude sicher nutzen.

Aufgrund dieser Aussage haben wir in schweißtreibender Arbeit bei Tag und Nacht in vier Monaten den Güterbahnhof ausgebaut und 800.000 Schweizer Franken investiert. Alles Ersparte haben wir in dieses Gebäude gesteckt. Der Plan war, durch Vermietungen dieses Geld wieder reinzubringen und es dann später für den Neubau auf der hohen Kante zu haben.

Nach neun Monaten schickte uns die Stadt die Kündigung. Vielen Dank aber auch! Die *fünf Jahre* waren jetzt leider keine extrem präzise Ansage gewesen. Nach einem Jahr hätten wir das Gebäude verlassen müssen. Drei Monate konnten wir noch rausholen. So haben wir den Güterbahnhof nach einem Jahr und drei Monaten unter Jubelschreien und Freudentränen wieder verlassen.

Nein, das Wort «Freude» war uns damals so geläufig wie einem sibirischen Gefängniswärter. Wir fielen als Kirche in eine große Glaubenskrise. Wir glaubten ursprünglich, wir würden vom Güterbahnhof nahtlos in ein neues Gebäude wechseln. Nahtlos. Na ja. Wir fanden dann zum Glück in letzter Sekunde und in einer Nacht- und Nebelaktion ein anderes Gebäude zur Miete für unsere Veranstaltungen.

Wir lernten: Gott ist unser Versorger. Gott ist treu, er ist gut, er ist gerecht. Aber trotzdem: Tief in unseren Herzen sah es zappenduster aus, und unser aller Glaube kriselte mehr schlecht als recht vor sich hin.

Und warum bin ich in diese Glaubenskrise gestürzt? Weil ich die Wege von Gott nicht immer verstehe. Und «nicht immer» heißt häufig «oft». Ich verstand Gott nicht. Auf dem Gelände des Güterbahnhofs sollte das Polizei- und Justizdepartement gebaut werden. Ein Ort, an dem man meine Parkbußen besser koordinieren kann. Nicht dein Ernst, Gott, oder?!

Fakt ist, nach unserem Auszug, während all der Jahre, in denen wir immer wieder an einem anderen Ort Celebrations feiern mussten, stand der Güterbahnhof leer.

Und wieder verstehe ich dich nicht, Gott! So ein Schmarrn aber auch.

Warum macht Gott so etwas? Warum haben wir Geld verloren? Warum mussten wir zurück in ein mühsames Setting? Warum mussten wir als Kirche ständig von Ort zu Ort ziehen? Alles einpacken, auspacken, aufbauen, einpacken, weiterziehen?

Und jetzt kommt der Clou: Ein paar Tage, bevor wir im Januar 2017 in die Samsung Hall eingezogen sein, erschien in der NZZ (Neue Zürcher Zeitung) ein Artikel – und das ist kein Zufall –, dass der Bau des Polizeigebäudes bewilligt worden und es entschieden war, wer dieses bauen würde. Ab Mai 2017 wurde gebaut.

Ich hab mir nicht nur einmal an den Kopf gelangt. Wir hätten *die ganze Zeit* im Güterbahnhof bleiben und dann schön in die Samsung Hall einziehen können. Das macht einfach null Sinn. Unter null. Bis heute. Für mich. Für Gott wohl schon. Erklärt hat er es mir nicht. Noch nicht.

Wenn ich über Glaubenskrisen spreche, geht es um das Warum. Gefährlich wird es dann, wenn du in diesem Warum plötzlich die Größe und Güte Gottes in Frage stellst.

Darum hat sich Habakuk dazu entschieden: Ich singe ein Lied über Gott, mit dem ich meiner Seele, meinem Gefühl sage: Gott ist gut, Gott ist treu! Die Heldentaten von Gott werden in meinem Leben nie aufhören.

Einen Worship-Song musst du nicht in deinem himmelhochjauchzenden Halleluja-Hoch, sondern in deinem besch…eidensten, tiefsten Tief kreieren. Die besten Worship-Songs werden im dunklen Tal geschrieben, die besten Bücher und Zitate auch. Denn dort hilft dir nur die Erinnerung an das, was Gott getan hat, beim Überleben. Und das wird dann mit sehr viel Emotion ans Tageslicht befördert und berührt die Menschen.

Die Steine aus dem Jordan sollten an Gottes Wunder erinnern. Deine Steine auf deinem Teppich sollen dich an deine persönlichen Wunder erinnern. Jeder Stein, so hässlich er auch aussehen mag, ist eine Erinnerung an Gottes Taten in deinem Leben.

Und wenn du in der Krise deines Lebens steckst, wenn du nur noch schwarzsiehst, nimm genau solche Steine in deine Hand und singe damit zu Gott. Singe zu Gott und zu deiner Seele, wie Gott in Wirklichkeit ist, was Gott getan hat und auch noch immer tut.

AKZEPTIERE, WAS GOTT TUT

Warum? Weil die Wege von Gott nicht unsere Wege sind und weil seine Gedanken nicht unsere Gedanken sind. Wir können oft nicht verstehen, warum Gott macht, was er macht.

In Habakuk 3,16 heißt es: «Als ich die Kunde [dass das ganze Volk nach Babylonien geführt werden würde] vernahm, fuhr mir der Schreck in die Glieder, meine Lippen fingen an zu zittern; meine Knie wurden weich und gaben nach, ich war am ganzen Leib wie zerschlagen.» (GNB)

Als ich die Kunde vernahm, dass wir den Güterbahnhof verlassen müssten, war ich wie zerschlagen. Es ging mir haargenau gleich wie Habakuk: Das ist unmöglich! Das darf nicht sein! Meine Knie fühlten sich an wie das gummige Brötchen vom Cheeseburger. Und mein Magen fühlte sich an, als wenn die Boxlegende Mike Tyson mir seinen besten Schlag mal kurz hätte de-

monstrieren wollen. Es war einfach nur zum Kotzen, und ich hätte am liebsten einfach nur rumgeschrien. Gut, hab ich auch. Einfach für mich. Im Auto. Wo es niemand gehört hat. Was soll der ganze Mist!?!

Wenn du die Wunder von Gott studierst, im AT und im NT, gibt es eine Linie: Fast immer geht es zuerst nach unten, bevor es raufgeht. Das ist gar nicht so einfach zu akzeptieren, vor allem, wenn du wie ich ein Fan vom «Silver Star» im Europa-Park bist. Da geht es zuerst mal nur rauf.

Gott sagt: Reinigt euch, heiligt euch, denn morgen werde ich Wunder vollbringen. Er sagt: Werdet erst mal schön bescheiden, kommt runter, bereitet euch vor, bevor es losgeht.

Das Volk Gottes ist in der Wüste, hat das verheißene Land vor Augen, das Land, wo Milch und Honig fließen oder Kaffee und Schweizer Schokolade. Die Bibel sagt, dass Gott sein Volk zwölf Mal getestet hat. Zwölf Mal haben sie den Test nicht bestanden.

Die letzten Jahre vor der Samsung Hall hat Gott über alle Altersstufen hinweg unsere Herzen getestet. Und ich meine wirklich: getestet! Wenn eine Kirche mit über 3000 Gottesdienstbesuchern unterwegs sein muss und regelmäßig für jeden Sonntag einen Ort für die Gottesdienste, die Jugendlichen und für die Kinderkirche benötigt, weiß jeder Event- und Location-Verantwortliche: Das ist ein Ding der Unmöglichkeit. Einmal, vielleicht zweimal hintereinander geht das schon, aber für Jahre?

Es gab zum Beispiel eine Situation bei der ICF-Conference im Hallenstadion. Wir durften eine Mega-Konferenz vorbereiten mit Zigtausenden von Besuchern, die wir dort erwartet haben. Jedoch, was niemand mitbekam außer Remy der Hausratte:

Gleichzeitig haben wir alle unsere Sachen packen müssen, denn wir mussten zeitgleich aus einer Location heraus, in der wir vorher für ein paar Monate Unterschlupf gefunden hatten. Uns wurde wegen Renovierungsarbeiten gekündigt.

Und neben den Vorbereitungen für die Konferenz und dem Einpacken für den Umzug haben wir uns mit der nicht vorhandenen dritten Hand die Finger wund gewählt und fieberhaft nach neuen Celebration-Räumen gesucht. Bis ein paar Wochen vor dem Termin hat es nur Absagen gehagelt. Nichts. Nada. Niente. Wo geht es hin als Church nach der Konferenz? Das wussten weder der Muotathaler Wetterschmöcker noch Mike Shiva. Nur Gott allein wusste es.

Dann, ein paar Tage vor der Konferenz, hatten wir eine Zusage für ein paar

Monate in einem Kino bekommen. Halleluja!!! So packten wir alles ein für den Umzug und für die Konferenz, rockten das Hallenstadion, um anschließend mit gepackten Koffern an einem neuen Ort unsere Zelte wieder aufzuschlagen, von dem wir nicht wussten, ob hier, am anderen Ende der Stadt, die Leute auch kommen würden. Gefühlt hundert Tests auf einmal.

Gott sei Dank ging alles gut. Die Kirche wuchs auch dort. Aber das war alles andere als klar und sicher. Brennen die Leute langsam aus, bei fünf Celebrations an einem Tag?

Heute kann ich sagen: Ich glaube wirklich von Herzen, dass wir die Tests bestanden haben. Wir sind nicht stolz und überheblich in die Samsung Hall eingezogen, sondern gebrochen, demütig, dankbar, weil wir wissen: Wer ganz unten war, der hat keine große Fresse mehr. Der weiß, was Glauben bedeutet. Der weiß, dass egal, wo wir sind, Jesus derselbe ist. Auf dem Maag-Areal, in der Badmintonhalle, in der Friedenskirche, im Kino, wo auch immer. Das macht keinen Unterschied. Er ist derselbe. Er ist das Leben, der Weg und die Wahrheit, und das ist unsere Botschaft bis zum heutigen Tag.

Psalm 126,5: «Die mit Tränen säen, werden mit Freuden ernten.» (LB)

In unserem Fall – mit Freuden einziehen!

Beschnitten wie Efeu

Wir wohnen in einem Reihenhaus. Links und rechts ist eine Wand, wie bei einem Schießstand. Meine Frau hat Efeu gepflanzt, damit es nicht mehr wie ein Schießstand aussieht. Einmal im Jahr schneidet man das alles wegen der Nachbarn ab und hat das Gefühl, es komme nie mehr. Je mehr man aber abschneidet, desto krasser wächst die Pflanze.

Meine Frau sagte während unserer Wanderjahre immer wieder: «Gott hat uns beschnitten wie den Efeu. Wir können vieles nicht mehr machen, aber der Tag wird kommen, an dem wir so wachsen werden, dass wir nicht mehr wissen, wie uns geschieht.»

Wir sind mit einem gebrochenen Herzen in unsere neue Halle gekommen, und ich kann es bis heute nicht glauben, dass wir wirklich jeden Sonntag hier sein dürfen und willkommen sind. Wir werden, so Gott will, immer hier sein.

Das Wort «immer» ist interessant, seine Bedeutung hat sich mir noch nicht erschlossen. Es tut im Moment einfach so gut, nach all den Stürmen, in denen wir tapfer mit und für Gott gekämpft haben, frei zu atmen.

Ich bin dankbar, dass Gott uns in dieser schwierigen Zeit beschnitten hat, denn nur so ist Wachstum erst möglich:

Johannes 15,2: «[Er] beschneidet auch die Reben, die bereits Früchte tragen, damit sie noch mehr Frucht bringen.» (NLB)

Vogel-Strauß-Taktik

Es gibt natürlich auch Frauen und Männer, die den Kopf in den Sand stecken, wenn es kracht. Wie der Vogel Strauß. Dem gerne fälschlicherweise nachgesagt wird, er stecke bei Sturm seinen Kopf in den Sand, warte, bis das Unwetter vorbei sei, und ziehe ihn bei eitel Sonnenschein wieder aus dem Loch. In Wirklichkeit ist es aber nicht der Strauß, sondern es sind viele von uns, die wir nicht mit der Wahrheit konfrontiert werden möchten und den Kopf in den Sand stecken. Okay. Auch sprichwörtlich.

Steckt eine Ehe in der Krise, und sogar ein blinder Maulwurf sieht von drei Kilometern Entfernung, dass das Paar Unterstützung und Beratung braucht, sagen sie: «Nein, so was brauchen wir nicht.» Der Kopf wird lieber in den Sand gesteckt.

Oder es gibt finanzielle Engpässe. Aber dann hört man nur: «Ich brauche das neue Auto jetzt, sofort! Und den Urlaub buchen wir auch gleich mit.» Sie kaufen alles «im Glauben» und stecken ihren Kopf in den Sand.

Wenn der Sturm kommt, sind viele Christen nicht vorbereitet. Sie wollen der Wahrheit nicht ins Auge sehen. Sie stecken ihren Kopf in den Sand. Doch Gott sagt: «Zieh deinen Kopf heraus! Was liegt vor deinen Füßen? Was siehst du?» Das zu akzeptieren, was Gott tut, bedeutet nicht, den Kopf in den Sand zu stecken. Es bedeutet auch nicht, sich alles schönzuglauben. Ich verstehe manchmal die Wege und die Gedanken von Gott nicht. Ich stecke deswegen aber nicht meinen Kopf in den Sand, noch mache ich auf fromme Allerweltsfloskeln. Ich schaue den Tatsachen ins Gesicht, kämpfe an der Seite Gottes weiter und weiß, dass Gott einen großartigen Plan hat.

1816 war das «Jahr ohne Sommer». Wie es der Begriff sagt – der Sommer ließ sich in diesem Jahr einfach nicht blicken. Er hatte keinen Bock und machte wohl Urlaub auf der Südhalbkugel. Es war das Elendsjahr Achtzehnhundertunderfroren.

In Quebec gab es im Juli dreißig Zentimeter Schnee. Die Schweiz lag am 2. und am 30. Juli ganzflächig bis ins Flachland unter einer geschlossenen Schneedecke. Ein Albtraum für mich als Beachboy. Es hat jeden Monat bis in die Niederungen Schnee gegeben. In dieser Zeit gab es Ernteausfälle, Tiere und Menschen starben. Eine große Hungersnot grassierte. Niemand wusste, warum es keinen Sommer gab.

Frauen und Männer beteten zu Gott, den Schnee weg- und die Sonne zurückzubringen, den Frühling, den Sommer, den Herbst. Aber nichts davon fand statt. Stattdessen befürchtete man, jederzeit würde Manni, das Mammut, im Dorfladen auftauchen.

Die Antwort auf den Sommer-Reinfall war jedoch simpel. Im April 1815 brach in Indonesien ein Vulkan aus. Der Vulkanausbruch machte den Berg einen Kilometer niedriger. Es gab dabei so viel Asche, dass diese in einer großen Wolke nach Europa und nach Nordamerika getrieben wurde. Damals gab es keinen Radar und auch keine Hauptausgabe der Tagesschau. Man sah einfach die Sonne nicht, es war kalt, und es schneite. Ein Vulkan in Indonesien hielt den Sommer auf der ganzen Welt zurück. Und die Menschen wussten nicht, warum sie am Tiefpunkt waren.

Trotz dieser Unwissenheit klingt für uns heute alles logisch. Und wir wissen auch, dass gleich im Jahr darauf alles wieder im Lot war. Aber für die Menschen in der Not ist alles anders. Wenn du mittendrin steckst, dann hilft es, dir klarzumachen, dass Gott Möglichkeiten hat, die Situation zu drehen. Und du kämpfst an seiner Seite.

Aus dem Jahr ohne Sommer sind wunderbare Dinge entstanden. Im deutschen Württemberg wurde eine erste Katastrophenhilfe eingerichtet. Das hatte es bis dahin nicht gegeben.

Justus Liebig begründete die Organische Chemie und entwickelte die Mineraldüngung. In der größten Krise entstanden große Wunder.

Und weil die Pferde starben, wurde womöglich das Fahrrad erfunden. Unglaublich, nicht? Die größte Niederlage wird zu einem Triumph.

Krisen als Geburtshelfer für große Songs

Wusstest du, dass in der größten Glaubenskrise die besten Worship-Songs entstehen? «You give and take away». Dieses Lied entstand, als ein Familienvater sein Kind verlor. Dieses Lied wird auf der ganzen Welt gesungen. Also proklamieren wir: Im tiefsten Loch will ich nicht aufhören zu sagen, dass Gott gut und treu ist.

Kennst du dieses Lied, und war dir das bewusst? Ein Vater verlor sein Kind. Und aus dieser Not heraus entstand eines der tiefsten Lieder der letzten Jahrzehnte, die Gottes Größe, Treue und Liebe ausdrücken.

Akzeptiere in der größten Krise, dass Gott einen Plan hat. Akzeptiere, dass Gott den größeren Durchblick hat als du und ich. Die Zeiten als Kirchen-Nomaden helfen uns, bis zum heutigen Tag zu wissen, wo auch immer wir sind: Jesus ist derselbe, heute, morgen und bis in alle Ewigkeit. Das wissen wir, weil die Umstände oft nicht optimal waren.

Gleichzeitig lernten wir tausend andere nützliche Dinge in der Zusammenarbeit mit anderen Teams und Firmen:

- Wie verhalten wir uns in Stressmomenten?
- Wie können wir einander unterstützen, wenn der andere nicht mehr kann?
- Wie können wir Abläufe optimieren?
- Was muss aus meinem Herzen noch weg, damit Gott mehr wirken kann?
- Wie kann ich motiviert und voll Glauben bleiben, auch wenn es schwierig wird?

Es ist wie mit einem Schwamm: Wenn du diesen zusammendrückst, kommt das heraus, was drin ist. Wenn Menschen unter Druck stehen – sei es der Druck von Umständen oder Schwierigkeiten –, kommt das heraus, was in ihnen drin ist. Vertrauen, Support und Liebe – oder Zorn, Wut und Streit. Wenn ein Schwamm sehr dreckig ist, wäscht man ihn mehrmals aus und drückt so lange herum, bis er einigermaßen sauber ist. Dies passiert nicht, weil man den Schwamm ärgern will, sondern damit er sauber wird und länger hält. Manche der Schwierigkeiten, in denen wir waren, waren genau für solche Prozesse gedacht. Und wenn heute Schwierigkeiten und Druck von außen kommen, gehen wir alle anders damit um. Wir stehen zueinander. Wir helfen einander. Wir unterstützen einander. Und wir behalten das große Bild vor Augen, dass Gott souverän ist. So was von. Zu jeder Zeit. Darauf sing ich jetzt gleich mal einen Song.

Auch Habakuk fährt weiter im Worship-Song in Kapitel 3,17–18: «Noch gibt es keine Feigen oder Trauben, noch sind keine Oliven zu ernten; noch wächst kein Korn auf unseren Feldern und die Schafhürden und Viehställe stehen leer – und doch kann ich jubeln, weil der Herr mir hilft; was er zugesagt hat, erfüllt mich mit Freude.» (GNB)

Habakuk sagt: Der Bauernhof ist leer. Es gibt kein Korn, keine Trauben, keine Oliven, aber ich juble trotzdem.

Was Gott zusagt, gilt.

Nicht, was meine Gefühle mir zusagen.

Nicht, was Menschen mir zusagen.

Habakuk hält an den Verheißungen von Gott fest, der sagt: «Ich werde für dich sorgen, ich werde mich um dich kümmern, ich werde dich nicht loslassen. Meine Augen sind nicht blind, meine Ohren nicht taub, meine Hände nicht zu kurz. Habakuk, ich setze alles dafür ein, dass du den Segen wieder erleben wirst.» Am tiefsten Punkt sagt Habakuk: «Gott, ich habe so Freude, dass du mein Gott bist, und ich weiß, meine besten Tage sind nicht hinter mir, sie liegen vor mir.»

Und wenn dann doch …

Ja, aber was ist, wenn alles zusammenbricht? Wenn ich krank bleibe? Was, wenn meine Frau so früh stirbt?

Wenn du davon ausgehst, dass das hier alles ist, was das Leben zu bieten hat, dann geht die ganze Bibel, die ganze Theologie nicht auf.

Habakuk spricht nicht von einem Leben hier. Sondern er ist ein Pilger auf der Reise in eine Stadt, die er auf der Erde nie erreichen wird. Das ist ein Sinnbild für unser Leben. Wir werden den Himmel auf Lebzeiten nicht erreichen.

Aber der Himmel ist größer und schöner als alles, was diese Welt bieten kann. Stirbt ein Mensch früh, ist das eine große Tragödie. Aber wenn dieser Mensch seine Augen aufmacht und den Himmel sieht, wird jeder Mensch vom Himmel her sagen: «Hör auf zu weinen. Da, wo ich jetzt bin, ist es tausendmal, tausendmal schöner und krasser als da, wo ich war.»

«Soon and very soon, we are going to see the King.» Bald, sehr bald werden wir den König sehen. Das sangen die versklavten Menschen bei ihrer Arbeit.

«Entweder wird er uns aus der Sklaverei noch hier auf dieser Erde befreien, und wenn nicht, werden wir im Himmel für immer frei sein.» Das ist eine doppelte Hoffnung, die du und ich auch haben.

Wir sollten uns auf ein immerwährendes Leben mit Gott ausrichten. Das sagt auch Habakuk: «Ich habe eine Perspektive, mein Herz jubelt.» In Vers 19 fährt er fort: «Der Herr, der mächtige Gott, gibt mir Kraft! Er macht mich leichtfüßig wie die Gazelle und lässt mich sicher über die Berge schreiten.»

Was für ein Worship-Song! Ein Lied, geschrieben von Habakuk. Schade, dass meine Bibel keine eingebauten Lautsprecher hat. Ich würde den Song gerne hören und nicht nur lesen! Ich glaube, ich stecke das mal unserem Worship-Team – die sollen den Text neu vertonen. Los, Leute!

Mein Wunsch für dich ist, dass du leichtfüßig durchs Leben gehen kannst – dank der unbändigen Kraft Gottes, die in deinen Adern pulsiert. Schließlich bist du seine Tochter/sein Sohn! Es gibt Hoffnung auf seine Wunder. Für diesen Tag. Für dieses Leben. Für das Leben mit ihm in Ewigkeit.

Wähle ein Symbol – einen Stein, einen Gegenstand, eine Fotografie, ein Kreuz, was auch immer – bei dir zu Hause, das du jeden Tag betrachtest, als ein Bild für diese Wahrheit. Was Gott einmal gemacht hat, das wird er wieder tun.

Damit bist du gewappnet für die Stimmen im nächsten Tal. Stimmen, die sagen:

Ich werde nie mehr gesund werden.
Ich werde niemals Kinder haben.
Meine erste Ehe habe ich so was von verbockt.

Die Worte «nie mehr» sind wie ein Tattoo in deiner Seele. Darum nimm den Stein (aus dem Jordan) und singe mit ihm zu deiner Seele: «Meine Zukunft ist größer als meine Vergangenheit. Die besten Tage liegen nicht hinter mir, sondern vor mir! Ich bin seine Tochter/sein Sohn. Für immer!»

Darum geht es mir. Auch wenn in diesem Kapitel viel über Gebäude und Steine gesprochen wurde. Ich bin dankbar für unser ICF-Zuhause. Aber es ist nur eine Hülle.

Es gibt nur einen, der dir deine Sünden vergibt, der dich heilt, dir eine Hoffnung gibt und deine Tränen abwischt: Jesus.

gesegnet

in Gott

KAPITEL 8

Trotz vieler Fragen und langer Durststrecken wurde Habakuk gesegnet und war dadurch ein Segen für die Menschen.

Ich möchte euch im letzten Kapitel mitnehmen in das, was ich in den letzten 21 Jahren mit Gott erlebt habe. Es ist meine Herzensbotschaft.

Ganz am Anfang, als ich ICF aus dem Boden stampfte, habe ich mir überlegt, wer der beste Prediger der Welt sei. Ich kannte nicht allzu viele. Aber wer mich schwer beeindruckte, das war der deutsche Evangelist Reinhard Bonnke. Er predigt in Afrika vor einem Millionenpublikum. Sein Predigtstil ist nicht typisch mitteleuropäisch angepasst. Nein. Der gute Reini schreit seine Predigten. Und die Menschen kommen in Scharen und bekehren sich.

Was bei Bonnke funktioniert, würde auch hier helfen, sagte ich mir. Unsere Church wird in Nullkommanix wachsen. Ich musste meine Predigten den Leuten nur genügend laut um die Ohren knallen.

Gesagt, getan. Beim ersten Gottesdienst waren rund vierzig Leute anwesend. Ich schrie sie 45 Minuten lang an. Am nächsten Sonntag waren es noch dreißig Leute. Die anderen zehn waren wohl mit einem Tinnitus beim Arzt. Die Armen.

Nach einer weiteren durchgeschrienen Predigt nahmen mich zwei gute Freunde zur Seite: «Du Leo, warum schreist du uns so an? Wir sind doch deine Freunde. Wir lieben dich doch. Noch drei solche Predigten, und wir drei sind allein da am Sonntagmorgen.»

Das leuchtete mir ein. Und dann sprach Gott auch noch zu mir: «Leo, lass Reinhard Reinhard sein. Wenn du nicht du bist, wenn du nicht deine ganz eigene Art, wie du bist, umarmst, wer ist dann der Du?»

Wenn du nicht der Du bist, wer ist dann der Du? Eine solch hochphilosophische Frage. Und erst noch von Gott. Aber sie ist unglaublich wichtig. Auch für dich.

Gott hat dir Fähigkeiten, Talente und Träume gegeben. Das macht dich einmalig und einzigartig.

In Matthäus 25,14–30 findet sich dazu eine anschauliche Geschichte. Ein reicher Geschäftsmann verreist für einige Zeit ins Ausland. Vor seiner Abreise pfeift er seine Angestellten zu sich. Er sagt ihnen, dass sie einen guten Job machen und er ihnen deshalb einen Teil seines Vermögens anvertraue. Er fordert sie gleichzeitig auf, das Geld arbeiten zu lassen.

Einem Mitarbeiter gab er fünf Talente (eine antike Währungseinheit), einem anderen zwei, und Nummer 3 erhielt ein Talent. Dann sagte er: «Jungs, ich komme in einem Jahr zurück. Macht etwas daraus.»

Hasta la vista, Baby!» Der mit fünf Talenten verdoppelte sie auf zehn. Nicht schlecht, Herr Specht! Der mit zwei Talenten verdoppelte sie auch.

Gut gemacht!

Und der mit dem einen Talent sagte, als sein Herr zurückkam: «Meister, schau, ich habe nichts gewonnen. Ich habe auch nichts verloren. Ich habe es schön aufbewahrt. Hier hast du dein Talent zurück.»

Die Geschichte endet damit, dass der Herr stinksauer wurde und das eine Talent dem gab, der schon zehn hatte. Und dann verfluchte er die arme eingeschüchterte Socke noch. Ganz schön harter Tobak, Mannomann!

Ich habe mir oft überlegt, wieso der Herr das so macht. Die Story hat 'ne glasklare Botschaft: Egal, ob du von Gott ein, zwei oder fünf Talente bekommen hast, um Himmels willen: Mach was draus!

Der mit dem einen Talent hatte Angst, die Sache zu vergeigen. Aber Angst ist ein deftig-heftiger, sauschlechter Ratgeber.

Wir Schweizer haben immer Angst:

Was denken die Leute, wenn ich die Sache gegen die Wand fahre? Dann habe ich voll das L auf meiner Stirn. «L» wie Loser!

Doch genau für uns Mitteleuropäer steht diese Geschichte in der Bibel. Wir müssen etwas riskieren. Und wenn wir auf die Schnauze fliegen, dann sind wir vielleicht für den Moment in den Augen der angepassten Bünzlis und kleinkarierten Geranienzüchter Versager, aber hey, dafür haben wir den fetten Respekt vom himmlischen Vater. Und der hilft dir auf die Beine und macht dir immer Mut, es wieder zu probieren. Und ich garantiere dir, bei welchem Versuch auch immer, irgendwann wird es klappen.

Dafür sorgt Gott höchstpersönlich. Weil seine Talente dafür geschaffen sind, sich zu vermehren!

ALLES BEGINNT MIT EINER SAAT

Alles beginnt mit einem Samen, alles! Der Same ist weder groß noch spektakulär. Er ist so dermaßen langweilig, klein und bescheiden wie wir Schweizer. Hast du gewusst, dass in diesem Samen alles drinsteckt, was es braucht, um das zu sein und zu dem zu werden, was Gott gedacht hat? Sät man einen Baumsamen, entsteht ein Baum, aus einem Baum ein Wald und aus einem Wald IKEA-Möbel.

Aus einer Frau entsteht ein Kind, aus einem Kind eine Familie, aus einer Familie ein Land, und das nennt man dann zum Beispiel die Schweiz.

Alles beginnt mit einem klitzekleinen Samen in deinem Leben. Die Bibel sagt dazu etwas Spannendes: «Verachtet ja nicht die kleinen Anfänge.» Mancher Anfang scheint super unspektakulär, vielleicht sogar peinlich, aber in diesem Anfang steckt alles drin, was es braucht, um das zu werden, was Gott sich für dein Leben ausgedacht hat.

Mutig, wie ich bin, drucke ich an dieser Stelle ein Bild von mir ab, das vor 21 Jahren von einem begnadeten Fotografen geknipst wurde. Es ist mein Lieblingsbild aus zwei Gründen: Der erste Grund ist, wenn du es mit meinem aktuellen Bild vergleichst, dann ist es eine klare Aufforderung an jeden Menschen auf diesem verrückten blauen Planeten: Bitte entwickle dich, weil dein Umfeld dir dafür mega-dankbar ist!

Und zweitens erinnert es mich daran, dass alles mit meinem Traum angefangen hat: eine neue Art Kirche für junge Menschen zu bauen! Dieser

Traum war der kleine Same in mir drin. Mein Leben und die Geschichte vom ICF-Movement machen sichtbar: Wenn man über die Jahre hinweg treu ist und einfach dranbleibt, dann entsteht eine große Frucht aus dem, was Gott dir anvertraut hat. Die ICF-Geschichte ist eine enorme Ermutigung – gerade auch für dich.

Leute fragen mich manchmal: «Du bist im Fernsehen, und du predigst in Australien, in Amerika, in Asien und überall, wo es eine Steckdose gibt. Immer mehr ICF-Kirchen werden gegründet. Wie gehst du mit diesem Erfolg um?»

Darauf sage ich immer: «Es hat alles klein angefangen. Und das tut es immer wieder. Das ist mein Leben. Ich fange immer wieder klein an. Und dann liebe ich es, zuzuschauen, wie Gott es zum Wachsen bringt. Er bewässert. Darin ist er Weltmeister, und Gott schenkt das Gelingen!»

Nichts geschieht, bis der Same gesät ist

Nichts geschieht, bis zu dem Moment, in dem man den Samen in die Erde steckt. Und dann kannst du mit der Disney-Eiskönigin «Let it go» singen und darauf vertrauen, dass aus dem Samen eine Frucht wächst.

Es wird nichts geschehen in deinem Leben, es sei denn, du pflanzt den Samen in diesen Boden Gottes ein und vertraust darauf, dass eines Tages eine große Ernte entstehen wird. Diese kleine Handlung ist matchentscheidend. Daraus habe ich für mich einen Slogan kreiert:

Träume gigantisch groß, aber handle immer klein.

Gott gab Jakob vier Verheißungen. Und wenn du die so liest, ist das ein Monsterplan, den Gott mit seinem Leben hatte.

Gott versprach ihm vier Dinge:

1. Du wirst ein großes Land besitzen.
2. Du wirst ein großes Volk werden.
3. Du bekommst eine Extraportion Segen.
4. Du hast einen Einfluss auf alle Völker.

Wenn man das hört, denkt man: *Alter, krass! Der Jakob muss ja ein Leben gehabt haben! Willkommen in Hollywood, Jake!* Doch entgegen der Versprechungen sah es erst mal zappenduster aus.

Das Land, das er anfangs besaß, war das Grundstück, auf dem Abraham und Sara in einem Grab bestattet wurden. War das ein großes Land? Da war der Zwergenstaat von Schneewittchens Freunden noch größer. Das Land war weder superfruchtbar, noch hatte es eine attraktive Lage, geschweige denn, dass es groß war. Er konnte nicht mal ein Haus darauf bauen.

Aber Jakob nahm diese Grabhöhle. Das war alles, was er hatte. Und dann vergrößerte und vergrößerte und vergrößerte er dieses Land durch geschickten Handel, Schritt für Schritt, Jahr für Jahr.

Eine Verheißung lautete: «Du hast ein großes Volk.» Aber seine Familie war zu diesem Zeitpunkt winzig klein. Es reichte weder für eine hauseigene Fußballmannschaft noch für ein Basketball-Team.

Dann verhieß ihm Gott weiter: «Du hast einen großen Einfluss.» Jakob hatte aber ein Problem:

Sein Bruder war der Erstgeborene und stand ihm in der Sonne. Ständig verglich sich Klein-Jakob mit dem großen, starken, behaarten Esau. Bei Jakob fehlten die Haare sogar unter den Achseln.

Er musste lernen: «Ich bin gesegnet von Gott. Gott schreibt mit meinem Leben Geschichte.»

Es gibt viel zu lernen, wenn Gott dir eine Verheißung und einen Traum gibt. Träume groß, aber handle klein. Zwischen der Realität und den Träumen Gottes ist eine Kluft. Und je größer die Kluft ist, desto mehr ist das deine Position. Und in dieser Position heißt es dann: dranbleiben, «dranne bliibe». Yoo!

Gib nicht auf.
Ja, glaube, dass du heiraten wirst.
Ja, glaube, dass Gott dich heilen wird.
Auch wenn die Heilung noch nicht Realität ist.

Auch in der Wirtschaft sehen wir, dass der Traum von einer großartigen Firma und die Realität am Anfang weit auseinanderklaffen.

Viele große Firmen haben megaklein angefangen. In einer Garage. In einer mickrigen, stickigen Garage. Harley-Davidson, Disney, Mattel, Amazon, Google, Apple. Alle diese Weltfirmen haben ihren Ursprung in einer kleinen Garage. Verachte nie die kleinen Anfänge, weil alles in diesem kleinen Samen steckt, was nötig ist, um das zu werden, was Gott gedacht hat.

Ein weiteres eindrückliches Beispiel ist das legendäre Coke. Coca-Cola hat im ersten Jahr 25 Flaschen verkauft. Und die Hälfte davon ging wohl an die

Großmutter des Gründers, die mit Magenproblemen kämpfte. Und heute kannst du mit einem Boot den Amazonas hinaufcruisen und findest mitten im Dschungel einen Cola-Automaten.

Diese Automaten an jeder Ecke sind keine Schöpfung Gottes, die er schon Adam und Eva hingestellt hat. Nein! Irgendjemand hatte da einen Traum von einem Coca-Cola-Rezept und hat das losgelassen, und Jahre später ist das Getränk in aller Munde. Die Rechnung ist relativ simpel, und ich mag es einfach: Wenn man dranbleibt, ist es nur eine Frage der Zeit, bis eine Ernte entsteht.

Habakuk 2,3: «Die Weissagung wird ja noch erfüllt werden zu ihrer Zeit und wird endlich frei an den Tag kommen und nicht trügen. Wenn sie sich auch hinzieht, so harre ihrer; sie wird gewiss kommen und nicht ausbleiben.» (LB)

Was ich anpflanze, werde ich ernten

Ich bin ein Bauernsohn. Ich habe Karotten gesät, Himbeeren, Erdbeeren, alles, was sich Gemüse, Frucht oder Getreide nennt. Deshalb spricht mich folgender Vers auch an:

Galater 6,7: «Meint nur nicht, ihr könntet euch über Gott lustig machen! Denn was der Mensch sät, das wird er auch ernten.» (Hfa)

Wenn du mit deinem Resultat nicht zufrieden bist, dann denk einmal darüber nach, was du mit deinen Worten, mit deiner Haltung und mit deiner Einstellung säst. Es ist meistens kein Zufall, worin du gerade steckst. Oft ist es das Resultat von dem, was man gesät hat.

Ich war 2013 auf einer Pastorenkonferenz in England. Im Gespräch mit einem Pfarrer in der Pause schüttete mir dieser sein Herz aus:

«Ich schmeiße hin. Wir haben kein Geld mehr, unsere Reserven sind aufgebraucht und die Spenden eingebrochen. Wir müssen aufhören.»

Aufhören finde ich grundsätzlich immer doof. Ich konnte ihn motivieren, mit mir Gott anzuflehen, er möge die Schleusen des Himmels öffnen und Geld regnen lassen. Einen Goldesel hatten wir ja nicht. Wir haben angefangen zu beten, was das Zeug hält, und ich wusste: Gott besitzt alles, ihm gehört alles, er hat alle Möglichkeiten.

Irgendwann während des Gebets sagte Gott zu mir: «Was machst du da, boy?»

Ich so: «Äh, ich bin am Beten.»

Gott so: «Das ist kein Gebet.»

Ich so: «Aha, warum nicht?»

Dann stellte Gott mir eine Frage: «Wie viel Geld hat deine Church ICF Zürich auf dem Bankkonto?»

Ich wieder so: «Ähh, Gott, was meinst du damit?» Ich wusste, worauf Gott hinauswollte. Ich habe meinen Buchhalter angerufen.

Er so: «Wir haben dreißigtausend harte Schweizer Franken auf dem Konto. Das ist alles, was wir haben.»

Ich hängte auf. Gott hakte nach: «Gib alles!»

Ich so: «Also, alles bedeutet sinnbildlich alles, oder meinst du mit allem: alles-alles? Oder ist das nur eines deiner grandiosen rhetorischen Gleichnisse?»

Gott lächelte wohl etwas, stelle ich mir vor, und fuhr dann in meinen Gedanken fort, klar und deutlich zu mir zu sprechen. Dumm nur, dass ich ausgerechnet an diesem Tag meine Ohren wieder mal schön gesäubert hatte:

«Du bist ein Schweizer, und in der Schweiz heißt alles *alles*. Verstehst du?»

Okay, die Lage war ernst.

Ich versuchte, meinen Fuß aus der Schlinge zu ziehen:

«Aber Gott, ich kenne die Kirche doch gar nicht. Vielleicht ist der Pfarrer ein Riesenpflock, der nichts kann und alles falsch macht. Vielleicht ist es gut, wenn diese Kirche stirbt. Dann kann Neues entstehen. Neues! Gesundes!! Gewaltiges!!!»

Gott blieb stur.

Das Geld musste ich überweisen. An diesem Tag spendeten wir unser gesamtes Vermögen der Kirche in England. Und haben damit etwas Widernatürliches getan. Denn mit dreißigtausend auf der hohen Kante waren wir selbst immer wieder am Limit als Kirche. Zudem unterstützt kein Schweizer England. Die Teetrinker können doch selber schauen. Die haben doch eine Königin. Wir haben nur den Tell. Und der ist schon lange nicht mehr unter uns.

Aber ich habe etwas gelernt: Wenn du selbst in Not bist, dann musst du säen. Wenn deine Kasse knapp ist, säe Geld ins Reich Gottes.

Dahinter steckt ein biblisches Prinzip. Wenn ein Bauer in Not ist, die Saison nicht gut war, würde er niemals allen Samen verdrücken und sich genüsslich den Bauch reiben. Er würde niemals allen Samen verstecken. Er würde niemals allen Samen verkaufen. In einem Jahr mit einer schlechten Ernte braucht der Bauer ein Wunder. Und deshalb sät er noch mehr als jemals zuvor.

Wenn du in Not bist, dann säe bewusst einen Samen

Das sind die Momente, in denen ein Bauer vertraut, dass er irgendwann eine große Ernte einfahren wird.

In unserem Fall haben wir all unser Erspartes gegeben. Es war nicht ganz so einfach, wie du vielleicht denkst, denn etwas zu hören und etwas zu tun, das sind zwei Paar Schuhe. Weißt du, was ich meine? Leute hören viel. Aber das Gehörte danach in die Tat umzusetzen, meine Fresse, das ist manchmal so richtig *hardcore* und kostet auch ganz schön was! Wir brauchten das Geld eigentlich dringend selbst.

Drei Jahre später haben wir angefangen, unser Gebäude zu planen und zu bauen. Dafür brauchten wir richtig viel Kohle. Ein paar Millionen.

Und weißt du, was? 25 Kirchen aus der ganzen Welt haben uns 365.000 US-Dollar geschenkt. Das ist zwölf Mal mehr, als wir den Engländern haben rüberwachsen lassen. Crazy, nicht? Dann habe ich gedacht: *Zum Glück habe ich das gemacht.* Gott kannst du nie überbieten.

Zum Glück habe ich dem englischen Gottesmann Geld gegeben und das getan, was Gott mir aufgetragen hatte. Es wurde zu einem unglaublich geilen Bumerang Gottes!

Gib in dem Moment, in dem du in Not bist. Das ist der beste Moment, um einfach zu vertrauen, dass Gott groß und dass Gott auch gut ist.

Sei geduldig und gib nicht auf

Habakuk muss warten, bis die Zeit gekommen ist, die Gott bestimmt hat. Aber sie wird kommen. Definitiv. Das ist so sicher wie das Amen in der Kirche.

Es heißt in Galater 6,9: «Lass uns also nicht müde werden, Gutes zu tun. Es wird eine Zeit kommen, in der wir eine reiche Ernte einbringen.» (Hfa)

Und jetzt Achtung: «Wir dürfen nur nicht vorher aufgeben.»

Wenn ein Bauer gesät hat, dann weiß er, die Ernte ist nur eine Frage der Zeit. Das mit der Zeit hat so seine Tücken und kann einem des Öfteren tierisch auf den Wecker gehen. Vor allem, weil Gottes Uhr irgendwie anders läuft als meine. Dabei habe ich doch ein präzises Schweizer Uhrwerk. Liegt wohl am Ende daran, dass Gott außerhalb von Raum und Zeit steht. Tja, dumm gelaufen.

Auf jeden Fall wissen wir: Gott kommt nie zu früh. Leider nicht.

Gott kommt auch nie zu spät.

Für uns immer mal wieder eine Katastrophe, weil es sich oft eben genau so anfühlt. Der Zeitpunkt Gottes ist in den Augen von Gott immer der richtige Moment, nur für uns nicht. Zeichen und Wunder geschehen immer in Gottes Moment. In der Bibel gibt es viele solcher Beispiele.

- Josef wartete als Unschuldiger im Gefängnis 13 Jahre lang auf seine Befreiung.
- Abraham wartete 25 Jahre auf die Erfüllung der Verheißungen Gottes.
- Der liebe Mose war 40 Jahre in der Warteschleife in der Wüste, bevor er die Israeliten aus Ägypten führte.
- Und Jesus turnte bis 30 erst mal auf den Dächern rum und hämmerte als Zimmermann fröhlich drauflos, bis er an die Öffentlichkeit trat.

Wenn Gott dich warten lässt, bist du in guter Gesellschaft. Du wartest nie alleine in deinem Leben.

Und alle rufen sie dir zu: «Gib nicht auf, gib nicht auf, gib nicht auf. Lauf nicht davon. Bleib. Vertraue!» Wenn du Gottes Hand in deinem Leben nicht siehst, dann vertraue auf Gottes Herz. Gott kennt immer den Zeitpunkt.

Wir hatten nie unser eigenes Gebäude als Kirche. Jahrelang haben wir aufgebaut und abgebaut – und aufgebaut und abgebaut – und aufgebaut und abgebaut.

Eine der vielen Locations war eine hässliche Badmintonhalle. Das waren im Grunde genommen vier zusammengeschweißte Blechwände, mit einem Sportbelag geschmückt. Rechts davon befand sich eine Diskothek, die auch den ganzen Sonntag hindurch mit wummernden Bässen, betrunkenen Menschen und viel Gestank auffiel.

Auf der anderen Seite waren Eisenbahngleise, auf denen gefühlt alle 2,7 Sekunden ein Güterzug mit 700 Elefanten durchfuhr. Ein richtiger Plausch, wenn du gerade zu einem besinnlichen Gebet ansetzen willst. Und trotzdem: Ich war immer dankbar für diese Halle, aber nie glücklich mit ihr. Dankbarkeit ist was anderes als Happiness. Ich bin immer dankbar in meinem Leben, aber happy ist eine andere Geschichte, weil ich nicht immer mit Gottes Wegen einverstanden bin. Aber meinem Vater im Himmel zu danken, das habe ich schon als Kind gelernt, und das ziehe ich durch.

21 Jahre lang hatte ich einen Traum von einem eigenen Gebäude, einer eigenen Halle, wo wir am Sonntag unsere Gottesdienste feiern würden und an den anderen Tagen Konzerte stattfinden könnten. Wir würden die Halle vermieten und dadurch günstiger in der Halle drin sein.

21 Jahre.

21 Jahre sind mathematisch zu viel. 2017 sind wir eingezogen in die Samsung Hall. Die größte LED-Wand in der Schweiz und eine gigantische Licht- und Tonanlage. Jetzt sagen alle: Wow! Und nur wenige wissen von den mühevollen vorangegangenen 21 Jahren.

Psalm 126,5–6: «Die mit Tränen säen, werden mit Jubel ernten. Weinend gehen sie hinaus und streuen ihre Samen, jubelnd kehren sie zurück, wenn sie die Ernte einholen.»

Hier kommt das Wort «wenn» vor. Es gibt immer eine Spannung zwischen Säen und Ernten. Ich weiß, wovon ich schreibe. Deshalb:

Gib nicht auf mit deinem Mann!
Gib nicht auf mit deiner Frau!
Gib nicht auf mit deinen Kindern!
Gib nicht auf mit deinen Träumen!

JETZT IST DIE BESTE ZEIT ZUM SÄEN

Prediger 11,4: «Wer immer nur auf das passende Wetter wartet, der wird nie säen, und wer ängstlich auf jede Wolke schaut, der wird nie ernten.» (Hfa)

Es fühlt sich nie richtig an. Etwas zu geben, kommt immer in einem dummen Moment. Aber dahinter steckt die Sichtweise, dass die Ernte immer größer ist als das, was wir gegeben haben.

Im Jahr 1903 lebten die zwei Freunde William S. Bill Harley und Arthur Davidson in Milwaukee. Sie hatten einen Traum: *Was würde geschehen, wenn wir ein Motorrad bauen würden?* Gesagt, getan. Sie bauten ein Stahlpferd. Der Prototyp war kaum mehr als ein grau lackiertes Fahrrad, bei dem eine Brennkammer als Hilfsmotor fungierte.

Im zweiten Jahr bauten sie zwei von diesen rudimentären Maschinen, die sie immer ein bisschen weiterentwickelten. Und im dritten Jahr verließen zehn Motorräder den Holzschuppen irgendwo im Nirgendwo.

Im vierten Jahr waren es fünfzig. Plötzlich wollten nicht nur ihre engsten Freunde so ein Pferd, sondern auch deren Freunde. Die Motorräder wurden immer besser, und das Design gefiel den Kunden.

Die Freunde sagten sich: «Du, das funktioniert, lass uns eine Firma starten.»

«Ja, ey. Wie soll dann die Firma heißen?»

«Wir nehmen deinen Namen und meinen Namen. Harley-Davidson Motor Company.»

Und dann haben sie mit 14.000 US-Dollar 1907 die Firma aus dem Boden gestampft. Und zwar ebenfalls in Milwaukee, Wisconsin, wo der Stammsitz heute noch zu finden ist. Heute fahre ich selbst so eine Harley. Und ich liebe es. Das alles kann ich, weil da zwei Menschen waren, die groß gedacht, aber klein angefangen haben und Schritt für Schritt vorwärts gingen. Jungs, ich verneige mich in Respekt und Dankbarkeit.

Ich ernte immer mehr, als ich gesät habe

«Die übrigen Körner aber fielen auf fruchtbaren Boden, gingen auf, wuchsen heran ...», und jetzt, Achtung: «... und brachten das Dreißigfache, das Sechzigfache, ja sogar das Hundertfache der Aussaat als Ertrag» (Markus 4,8; Hfa).

Weißt du, warum ich Karotten, Kopfsalat und all die Beeren gesät habe? Weil das Wenige, was man sät, nur ein Mückenfurz von dem ist, was man eines Tages ernten wird. Potz Millionen, ich sag's dir! Was aus dem unscheinbaren Saatgut wird, das ist immer wieder ein Wunder!

Jeder Bauer sät mit Glauben, weil er weiß, dass die Ernte immer nur eine Frage der Zeit ist. Harley-Davidson hat im Jahr 2017 auf der ganzen Welt 329.000 Harleys verkauft. Das ergibt einen Reingewinn von einer Milliarde Dollar. Warum sage ich das? Wir Menschen, wir schauen immer diejenigen an, die erfolgreich sind, die etwas bewegen, und denken: *So möchte ich auch werden, das hätte ich auch gerne!* – Aber man vergisst dabei regelmäßig, dass jede Geschichte immer mit einer Saat beginnt. In dieser Saat steckt alles, was nötig ist, um Gottes Träume zu erfüllen.

Verachte nie und nimmer die kleinen Anfänge, die Momente, in denen du ganz klein deine Talente, dein Geld, was auch immer, einpflanzt in diesen guten, wunderbaren Boden Gottes. Und wenn du das einpflanzt, vertraue Gott, dass die Ernte immer in seinen Händen ist. Wenn du nicht davonläufst, kannst du Jahre später zurückschauen und sagen: «Oh girl, zum Glück habe ich dieses Prinzip verstanden.»

Ob Gott dir zwei, fünf oder zehn Talente anvertraut hat, ist nicht die Frage. Die Frage ist: Was mach ich aus dem, was Gott mir da zugeschaufelt hat?

LASS UNS AM SCHLUSS DIESES BUCHES GEMEINSAM BETEN:

Lieber himmlischer Vater,

ich danke dir, dass du mir Träume, Talente und auch Fähigkeiten anvertraut hast.

Es tut mir leid, wenn ich oft das Gefühl habe, dass dein Segen in meinem Leben einfach nicht in dem Maße fließt, wie ich mir das wünsche. Ich werde nicht mehr länger frustriert davonrennen.

Ich werde bleiben und warten, bis diese Ernte auch aufgeht.

Es tut mir auch leid, wenn ich meine Talente in die Ecke geschoben und enttäuscht aufgegeben habe.

Ich werde sie ganz neu und fresh einsetzen. Ich habe nur dieses eine Leben auf dieser Erde. Und ich will es zu deiner Ehre leben.

Ich bin gesegnet mit allem, was der Himmel zu bieten hat. Ich bin überreich beschenkt, und ich bin einmalig und einzigartig. Und meine Geschichte soll und wird die Spuren Gottes hinterlassen.

Danke, dass du mit deiner Freude und Kraft mit mir bist.

Amen.

Habakuk 3,18–19: «Aber ich will mich freuen des Herrn und fröhlich sein in Gott, meinem Heil. Denn der Herr ist meine Kraft, er hat meine Füße wie Hirschfüße gemacht und führt mich über die Höhen.» (LB)

Praterstraße

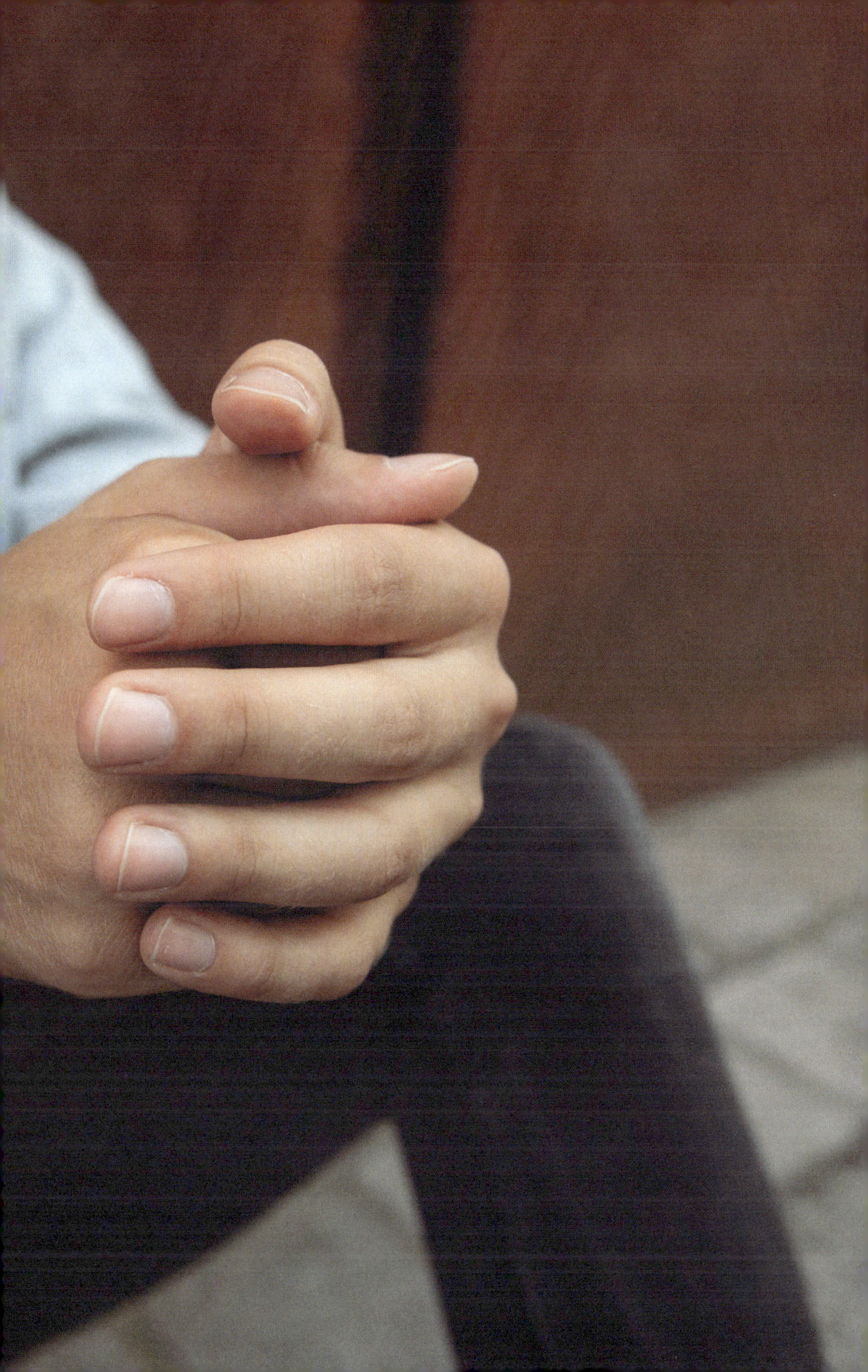

NEW YORK
35

Die verschiedenen ICF-Locations im Überblick:

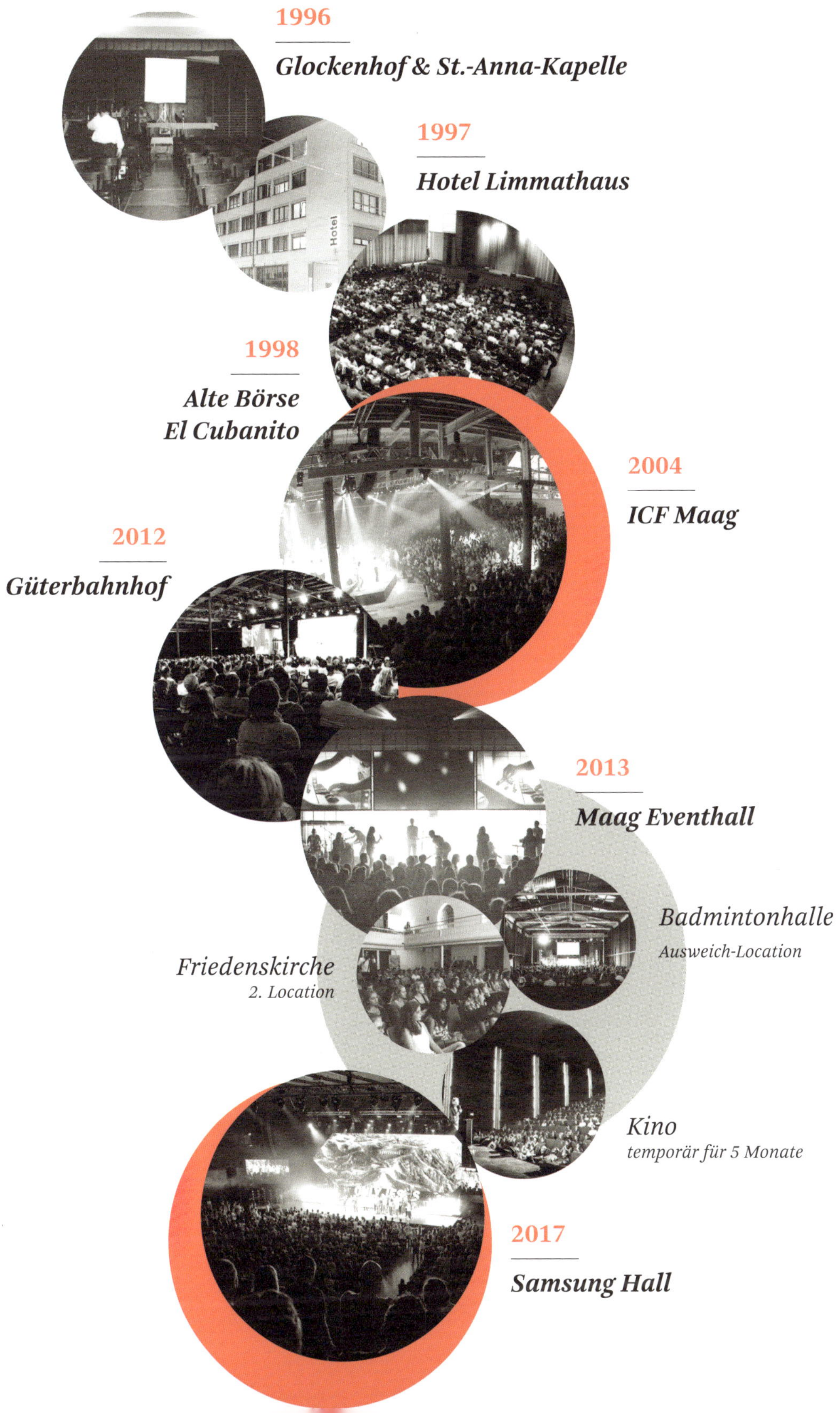

BILDNACHWEIS

Luisa Vonarburg, Wien:
Seite 6, 7, 15, 21, 37, 43, 49, 53, 63, 69, 73, 83, 89, 95, 101, 107, 113, 117, 121, 127, 131, 135, 147, 153, 165, 171, 172

ICF Creative, aus dem Archiv:
Seite 3, 160, 175, 177, 179, 181